ELS SET PECATS CAPITALS DE LA JUSTÍCIA

Santiago Vidal i Marsal

ELS SET PECATS CAPITALS DE LA JUSTÍCIA

ara
LLIBRES

Primera edició: 2014

© d'aquesta edició:
Ara Llibres SCCL
Pau Claris, 96, 3r 1a
08010 Barcelona
www.arallibres.cat

GrupCultura03

Disseny de coberta: Núria Zaragoza

Fotocomposició: gama, sl

Impressió: Liberdúplex

ISBN: 978-84-15642-69-5
DIPÒSIT LEGAL: B. 28494-2013

Índex

Pròleg
Vuitè pecat: el desinterès

«Posats a canviar-ho tot, convé incloure's», diu el filòsof Ángel Gabilondo. Quantes vegades sentenciem canvis per als altres i rarament som capaços d'incorporar aquesta mateixa capacitat transformadora en referència als nostres propis sistemes de supervivència i relació? Resulta d'una quotidiana intensitat mirar l'altre i indicar-li els camins, sentenciar dreceres i jutjar les seves decisions en relació amb els nostres criteris, i amb una pressa que impedeix escoltar i conèixer els camins i les dreceres del sentenciat. I això ho fem, empesos per una societat que ha convertit la velocitat dels judicis públics en un valor preferent. Aquests judicis, en alguns casos, són motivats per actituds constructives, però sovint es converteixen en mecanismes de defensa per esquivar observar-nos a nosaltres mateixos i virar la ruta. La velocitat de circulació fa que passem de llarg de les rotondes. Per això, aquest llibre resulta novedós: la crítica endògena del sistema judicial, escrita per Santi Vidal, un jutge que ocupa responsabilitats de primer nivell en el sistema.

La justícia és un servei públic que qualifiquem de poder perquè forma part d'una estructura que situa el seu exercici no en el camp base, sinó en el cim de la muntanya social. La clau és si la capacitat que ha de tenir la justícia per endreçar el comportament i les relacions humanes aconsegueix allunyar la percepció de poder i substituir-la per la percepció de servei. Només una justícia percebuda com a servei a la societat que regula i ordena aconseguirà recuperar la confiança necessària per minimitzar els fantasmes de la instrumentalització i politització que ara campen arreu, en aquest com en molts altres serveis públics, també en el periodisme.

Santi Vidal s'endinsa en el sistema judicial i dissecciona aquestes disfuncions que ell ha volgut paradoxalment identificar amb els set pecats capitals, perquè —terminologia cristiana al marge— precisament són els *pecats* socials els que hauria de perseguir la justícia. Però una de les lliçons que ens permet el llibre, amb un recorregut minuciós per afers coneguts amb informacions rellevants, és que la justícia l'exerceixen persones exposades, com tots, a lluitar i vèncer contra les disfuncions pròpies que generen les relacions i la naturalesa humana, exactament igual que cadascuna de les persones objecte del seu exercici de vetlla. Altrament, en comptes de fer oposicions memorístiques que durant anys els mantenen aïllats del món i amb els ulls desgastats per la lectura del dret en totes les seves formes, els candidats a ocupar els tribunals haurien de ser sotmesos a un examen d'excel·lència ètica que els allunyés de la cobdícia, la supèrbia, la ira, la peresa, l'enveja, la luxúria i la gula. Implicaria sotmetre'ls a un càsting insòlit que permetés avaluar-los inesperadament a través de proves puntuables de comportament. Endevino que l'aplicació d'aquest sistema implicaria dificultat d'objectivació i entraríem en un corolari d'impugnacions fins a l'infinit! Com denuncia el jutge Santi Vidal, no sé pas si aconseguiríem cobrir totes les places ja minses i insuficients de què disposa el sistema judicial actual! Però en aquest escenari idíl·lic de selecció de perfils humans, assoliríem un perfil idoni per a l'ocupació de qualsevol responsabilitat pública: persones austeres, discretes, temperades, treballadores, generoses i lliurades amb cos (i ànima) a la feina. Però, però... un cop al jutjat, l'avaluació contínua és difícil i la vida sotmet els éssers humans al desafiament de la interrelació amb els altres i a la nostra pròpia transformació. Així, doncs, admetem-ho: ser conscients de les debilitats del sistema és una fortalesa i aquesta és la fortalesa del llibre que teniu entre les mans. A més a més, l'estructura intel·lectual i sistemàtica d'aquestes pàgines seria aplicable a l'anàlisi de qualsevol dels serveis públics que garanteixen la construcció permanent de la democràcia, des del periodisme fins a la política. I no seria massa diferent, malgrat que els casos triats per a l'anàlisi serien uns altres.

Aquest és un llibre propositiu, que des de l'exercici de la justícia i el coneixement de les seves interioritats, permet ordenar en el bon sentit, endreçar l'escenari en què es mou un dels serveis públics fonamentals per a la regeneració democràtica. Si el qüestionament quotidià d'altres disfuncions en el poder legislatiu, executiu i periodístic no ens mantingués tan ocupats, la desconfiança que generen les disfuncions de la justícia que retrata aquest llibre ens ocuparien amb la intensitat que toca. Això sí, toparíem segur amb el mur de l'opacitat que també denuncia Santi Vidal, perquè aquesta justícia que necessita distància de la realitat quotidiana, per mantenir el criteri preservat de la seva influència, ha estat sovint malinterpretada i l'ha convertit en un dels castells inexplorables on cap visita hi és permesa si no és guiada des de l'interior dels seus interessos. Endinsar-se en el món judicial implica sovint la construcció inevitable d'unes relacions que contravenen l'objectivitat i es converteixen en fuites per on s'escampa i s'engrandeix precisament la supèrbia.

Un dels pecats, però, que no pot cometre la justícia és la manca de compromís social: desinterès per la complexitat de la realitat i per la imperiosa necessitat d'interpretar les lleis d'acord amb la transformació que exigeix la societat en tots els àmbits. El desinterès de la justícia sobre el procés transformador —com ens recorda Santi Vidal, de *procedere, avançar*— seria la seva màxima disfunció en un moment en què la societat reclama apreciacions i contribucions de tots per assolir justícia social. I aquest compromís es construeix precisament amb el coneixement i el contacte aprofundit de la quotidianitat que li tocarà jutjar. I com defensa Santi Vidal, garantir aquest compromís de la justícia implica que s'allunyi de les parafernàlies que han teixit el vestit de la distància dels paisatges humans. El vuitè pecat, doncs, el desinterès: de la feina a casa i de casa a la feina. Són temps de mutacions profundes en les relacions de les persones amb els representants de tots els serveis públics. I desentendre's d'aquest procés de transformació i contribuir-hi seria el pecat més perniciós que cometria la justícia. Convertir les seves biblioteques en llibreries corredisses que amaguin portes secretes per on els jutges es puguin escapar, de tant en tant, a les sales penals, administratives, laborals i civils reals, on neixen i es fan grans les injustícies.

Mònica Terribas
Periodista

Introducció

Si aquest món no fos ple de cobdícia,
potser, només potser,
podrien florir juntes veritat i justícia.

William Shakespeare

Palau de Justícia, Barcelona, divendres, 10 del matí, despatx del jutge

Entra una funcionària després de trucar suaument amb el puny la porta mig oberta.

—Senyoria, hi ha una noia que pregunta si podria parlar amb vostè.

—En relació amb quin sumari?

—Diu que és una estudiant de dret; que es vol presentar a les oposicions a jutgessa i voldria demanar-li consell perquè té alguns dubtes. Es diu Esperança.

—Caram, amb aquest nom, que passi!

Deixem les coses clares des d'un bon començament. Aquest llibre només vol explicar als lectors què és la justícia entesa com a servei públic. Lluny del vessant de poder de l'Estat, intentaré que el lector —si arriba fins al final— tingui un coneixement molt més complet del funcionament del sistema, cosa que li permetrà gaudir d'una opinió equitativa. I també intentaré posar al seu abast els motius pels quals no acaba de funcionar com tothom voldria. Bé, potser no tothom.

El món judicial sempre s'ha caracteritzat per la seva opacitat, per no saber —o no voler— obrir-se a la societat. Aquesta característica, que jo considero un greu defecte, ha provocat sistemàticament que la ciutadania ens percebi com un cos estrany, endogàmic i alliè a les seves preocupacions reals, malgrat que la nostra principal funció és precisament resoldre els conflictes que un món global i complex com l'actual genera cada dia.

Hom pot pensar que és necessari que sigui així, atès que la justícia ha de ser imparcial i un excessiu contacte amb la realitat pot provocar l'efecte pervers de contaminació. Probablement per això, la imatge clàssica amb què grecs i romans presentaven l'ideal de la justícia era una dona de gran bellesa, abillada amb una túnica blanca, que deixava el pit esquerre nu i aguantava amb la mà dreta una balança en senyal d'equitat. Fixeu-vos, però, que una bena li tapa un ull com a sinònim complementari d'imparcialitat. Tanmateix, avui, i amb tot el que està passant, cada vegada sembla que estigui més cega que bòrnia.

Malauradament, ni llavors ni ara aquesta representació idíl·lica es correspon amb la realitat. Com el lector podrà copsar si continua llegint aquestes pàgines, la justícia no sempre actua empesa per nobles intencions en la seva tasca d'aplicar la llei, malgrat que així ho proclamin les declaracions internacionals de drets humans i les constitucions de tots els països democràtics. Els poderosos interessos contraposats que s'hi barregen sovint esdevenen veritables pals a les rodes d'un molí que, ja per si mateix, mou un cabal d'aigua amb poca empenta.

Hom sap perfectament que, els darrers anys, a l'Estat espanyol s'han produït un seguit de fets sorprenents, àdhuc per a aquells que formem part de la carrera judicial. Qui els parla porta ja més de dues dècades en l'exercici de la funció jurisdiccional, i no paro de preguntar-me què és el que està passant, en un intent, de ben segur condemnat al fracàs, d'entendre l'allau de casos de corrupció política i financera que en aquests temps estan aflorant a la nostra societat, raó per la qual —setmana rere setmana— els mitjans de comunicació en van plens.

Els casos amb transcendència pública que arriben als jutjats són cada vegada més nombrosos, i la ciutadania espera de nosaltres que hi donem una resposta ràpida i exemplar. Tanmateix, no és bo que els jutges tinguem un excessiu protagonisme en la vida social.

La nostra funció requereix un clima de serenitat que no s'assoleix si tots els implicats intenten judicialitzar conflictes que haurien de ser debatuts i resolts en altres àmbits.

Ha fet fortuna la frase «volen judicialitzar la política», però potser és més adient dir que en el fons el que cerquen és «polititzar la justícia». Maquiavel ja ens avisava que cal desconfiar dels governants quan et concedeixen massa presència pública i t'omplen d'afalacs. Avui, sembla que els jutges hem de solucionar tots els problemes greus que afecten la nostra societat, com l'abús bancari en les hipoteques, l'engany de les participacions preferents, la persecució dels corruptes, les retallades salarials, els problemes de la sanitat i l'ensenyament, etc. Si ho aconseguim, serem uns herois; si fracassem, uns incompetents o, pitjor encara, uns venuts.

Doncs ni una cosa ni l'altra. Cal que assumim les responsabilitats que ens pertoquen i complim el deure de tutelar els més febles en les complexes relacions socials d'aquest món globalitzat. Però, per poder fer-ho, necessitem les eines adients: millors lleis processals que garanteixin alhora els drets dels ciutadans, però evitin els crònics retards en la resolució dels conflictes; un nombre de jutges, fiscals i personal administratiu suficient per poder donar resposta àgil i de qualitat als litigis, i també, cal dir-ho, el compromís sincer de tots els operadors polítics i jurídics de fer l'esforç necessari per sortir del col·lapse en què fa anys que ens trobem.

Lluny d'això, les últimes reformes legals proposades pel Ministeri de Justícia van just en el sentit contrari. S'han rescindit tots els contractes de jutges i magistrats substituts que ocupaven places als jutjats de comarques més allunyats de la metròpoli, un 25% de la planta judicial arreu de l'Estat espanyol, professionals en règim de temporalitat que fins ara permetien que els tribunals continuessin funcionant amb una certa normalitat, dins de la crònica lentitud. S'han imposat unes taxes abusives als ciutadans que demanen exercir el seu dret a plantejar un procediment contenciós, és a dir, a ser escoltats i a obtenir una resposta legal a les seves pretensions. Continua sense resoldre's la imprescindible estabilitat de les plantilles del personal administratiu que dóna suport al jutge en la tramitació dels procediments. I així un seguit de dèficits que, en el decurs d'aquest llibre, anirem desgranant alhora que intentarem proposar solucions concretes i factibles. Perquè de solucions n'hi ha; només cal voluntat per posar-les en pràctica.

El títol d'aquest llibre ja avisa del que el lector es trobarà tot seguit. De la mà de casos molt coneguts per l'opinió pública, intentaré donar una visió —crítica, però, alhora, constructiva— sobre com és el món de la judicatura; vist des de dins, però també com el perceben els ciutadans, amb els seus encerts i errors. Això ens permetrà posar de manifest l'endogàmia crònica i el corporativisme que dominen encara avui el món judicial; les causes per les quals es rebutja sistemàticament tota proposta de canviar els mètodes d'accés o selecció dels seus membres, i l'autisme que enterboleix el judici d'alguns jutges quan han d'analitzar les causes dels conflictes que arriben a la seva taula o sala de judicis, i que provoquen sentències massa sovint incomprensibles, fruit en gran part de la dificultat que tenen per comprendre el món que els envolta.

Una separació i un aïllament motivats per la supèrbia egòlatra que dissortadament amb massa freqüència presideix la manera de ser i el caràcter d'alguns jutges, així com les maneres poc respectuoses de relacionar-se amb els ciutadans. D'aquí caldria extreure també les causes per les quals la societat té una creixent desconfiança vers els seus membres i l'actual desprestigi de la professió. Una vegada més, el Centre d'Investigacions Sociològiques (CIS), encarregat de fer les enquestes anuals sobre el que pensa l'opinió pública, ens fa saber que la justícia continua essent un dels sectors menys valorat. Tan sols reben una nota pitjor els polítics.

La contradicció, tanmateix, és que any rere any no paren de créixer el nombre de litigis, és a dir, de persones que demanen empara a jutges en els quals sembla que no confien gaire. Potser ajuda a comprendre-ho tot plegat el fet que manca un treball objectiu i fiable de difusió de la feina que fem els jutges. Cal tenir en compte també que, de cada dues persones que tenen un plet als jutjats, sempre n'hi ha una que no en surt precisament contenta, ja que no li han donat la raó, malgrat que ella estava convençuda que la tenia tota. I no és sobrer matisar que l'altra part afavorida per la sentència tampoc no en surt gaire satisfeta, ja que sovint la resposta ha estat molt tardana i, a vegades, només se li ha atorgat una part del que reclamava.

L'actitud populista dels responsables polítics de torn no ajuda gens a resoldre aquest atzucac. Lluny de treballar per millorar el funcionament i la transparència del sistema, no tenen cap escrúpol a l'hora de criticar pejorativament qualsevol error judicial, alhora que reaccionen de manera fulminant davant de qualsevol notícia motivada per algun crim execrable que ha colpit la societat.

La doctrina del populisme punitiu que va començar amb la consigna *tolerancia cero* ha guanyat molts adeptes en l'àmbit polític. En comptes de preguntar quines han estat les causes que han fet possible determinats fets, a recer de la reacció emotiva legítima dels familiars de les víctimes, sovint s'han apuntat al discurs demagògic d'endurir la resposta penal. Els darrers deu anys, les reformes del Codi penal han estat constants i sempre en el sentit d'elevar el càstig a qui infringeix la llei.

A cop de titulars de premsa, ja són dinou les reformes parcials de la legislació penal que portem acumulades, moltes de les quals amb una finalitat inequívocament publicitària i adreçades a manipular l'opinió pública, tot fent-li creure que, amb la publicació al BOE d'un canvi normatiu, el problema ja està resolt.

No crec que ignorin ni oblidin que l'Administració de justícia espanyola continua essent una de les pitjors dotades de la Unió Europea en els punts bàsics següents:

1. Quant al percentatge de pressupost estatal que s'hi destina, ja que la mitjana de la Unió Europea és del 3,1% i Espanya hi dedica un 1,5%.

2. En el nombre de jutges i fiscals per cada 100.000 habitants, atès que Alemanya, Anglaterra, Bèlgica, França, Dinamarca i la major

part dels països nòrdics gaudeixen d'una ràtio de 15 a 19, mentre que nosaltres som un 10%. És a dir, tenim 5.749 jutges quan en caldrien uns 7.500 per resoldre amb eficiència els 11 milions de plets que cada any entren als jutjats.

3. En l'ocupació efectiva de les places judicials, atès que entre un 20 i un 25% estan sistemàticament vacants. Fins al començament de l'any 2013, en moltes d'aquestes destinacions —sobretot a comarques— hi havia un jutge substitut que evitava el col·lapse del sistema. Per raons pressupostàries, el Ministeri de Justícia i el Consell General del Poder Judicial han rescindit aquests nomenaments temporals, i, per tant, els jutges titulars que treballen al poble més proper s'han de repartir la feina dels dos jutjats, cosa que comporta una dedicació simultània del 50% amb l'inevitable retard acumulat.

4. En la modernització de les oficines judicials, ja que, lluny del que s'ha fet amb altres administracions públiques com Hisenda, els aparells informàtics amb què es treballa són obsolets i no permeten encara la digitalització del procés. Qualsevol ciutadà que entri en un jutjat podrà copsar que, malgrat que som al segle XXI, encara s'assembla molt a l'oficina burocràtica plena de papers que amb tant d'encert ens va descriure Larra, en aquell famós llibret *Vuelva usted mañana*.

5. En el mètode de selecció dels jutges, fiscals i secretaris, centrat en unes oposicions de caràcter memorístic pròpies d'un sistema decimonònic, on la capacitat d'anàlisi racional, de recerca de dades normatives o jurisprudencials, de valoració sil·logística de les proves no es té en compte.

6. En la inexistència de mecanismes de control respecte de la capacitat psíquica dels operadors jurídics, lluny del que és un requisit inexcusable en qualsevol altre país democràtic, on tots els jutges han de superar un exhaustiu examen psicotècnic.

Aquests greus dèficits estructurals no són pas una excusa fàcil que serveixi per explicar tot el que no funciona en el sistema judicial. Dissortadament, no tots els jutges compleixen el seu deure com caldria. Com en tot col·lectiu, també tenim les nostres *pomes podrides*, i el Servei d'Inspecció de Tribunals no sempre ha actuat amb el rigor que era necessari per tal d'eradicar-les.

Però seria injust no reconèixer que són molts més els professionals de la jurisdicció que treballen bé i molt més del que la gent sovint pensa. Si no fos així, faria temps que els conflictes que inevitablement genera la vida social haurien provocat un esclat incontrolable.

Als lectors els correspon, si arriben al final d'aquest llibre, decidir si encara som a temps de regenerar els valors de la nostra societat i quin ha de ser el paper que la justícia ha de tenir en aquesta feixuga, però també engrescadora, tasca.

I. La supèrbia

Baltasar Garzón: de jutge estrella a proscrit

Em preguntes, Esperança, què és el que passa i si la justícia pot ajudar a millorar la societat en què ens ha tocat viure. Vols ser jutgessa i no saps si la teva decisió és encertada o t'equivoques de camí a l'hora de triar el teu futur professional.

Amb tota sinceritat, em dius que no comprens com un jutge tan estimat per la gent com el meu col·lega Baltasar Garzón ha passat de ser una estrella que brillava incombustible al firmament a un proscrit, jutjat i expulsat de la carrera judicial.

Vols saber què és el que permet que una decisió en principi tan noble com és esbrinar la identitat de tots els corruptes implicats en el cas Gürtel, i on havien anat a parar els milions d'euros malversats a entitats públiques, hagi acabat amb la carrera d'aquest company. Tampoc no entens per què se l'ha jutjat, tot i que la sentència que es va dictar va ser absolutòria, per haver decidit investigar el parador dels milers de fosses on estan enterrades les persones que van patir la represàlia franquista. Com és possible que uns objectius tan justos siguin atacats per la cúpula política i judicial de l'Estat?

La resposta no és pas fàcil. Comprenc perfectament que a la majoria de la gent li resulti incomprensible que tot plegat hagi acabat amb l'arxivament del procediment obert al seu dia a l'Audiència Nacional per Baltasar Garzón en el cas dels crims del franquisme, i amb el canvi de jutge instructor (ara se n'ocupa Pablo Ruz) del sumari de corrupció on estan processats Francisco

Correa, Álvaro Pérez, *el Bigotes*, Pablo Crespo i Luis Bárcenas, entre molts d'altres.

Però tot té la seva explicació. Ens pot agradar més o menys, però hi ha determinats actes que inevitablement tenen conseqüències, sobretot si molesten els qui gaudeixen del poder de decidir en última instància.

Comencem pel principi i, sobretot, no barregem les coses.

D'antuvi, cal admetre una cosa sense la qual certament no entendríem què ha passat. Si les decisions que va prendre el jutge Garzón les hagués adoptat qualsevol altre magistrat espanyol, avui continuaria essent jutge. Potser l'haurien sancionat amb uns quants mesos de suspensió del càrrec, però estic convençut que no l'haurien pas expulsat de la carrera judicial amb una inhabilitació de més de deu anys, com li va imposar el Tribunal Suprem en la sentència de 21 de febrer del 2012.

«Però, la llei no és igual per a tothom?», es preguntarà el lector. Home, o dona, sí, però sempre s'ha dit —i amb raó— que n'hi ha uns que són més iguals que els altres.

Una dada numèrica és prou il·lustrativa del que acabem de dir. Cal fixar-se que la pena d'inhabilitació professional que se li va imposar és justament d'onze anys. Garzón té actualment cinquanta-nou anys, i, per tant, quan acabi la sanció, ja n'haurà complert setanta, és a dir, l'edat màxima de jubilació forçosa per als membres de la judicatura. Atès que ell mateix ha dit sovint que la seva intenció és tornar a exercir de jutge, els qui el van condemnar eren molt conscients de com calia evitar aquest hipotètic retorn, no fos cas que es tornés a presentar a les oposicions i les aprovés.

L'escriptor Juan Cruz, en el seu llibre *Egos revueltos*, ens recorda que ja el psicoanalista Sigmund Freud afirmava que l'excés d'autoestima pot ser letal. I un exemple que recull el llibre, tot parlant del poeta Pablo Neruda, és l'anècdota —certa o inventada— que, en un sopar a casa seva amb amics escriptors, la seva esposa Matilde va passar una nota a la resta de comensals on deia: «Si us plau, fa estona que no parlem d'ell i s'està deprimint; feu alguna cosa».

Els qui coneixen bé Baltasar Garzón diuen, si fa no fa, el mateix d'ell. Jo vaig tenir l'oportunitat de conèixer-lo l'any 1989, quan era a Madrid fent les pràctiques a l'escola judicial després d'aprovar les oposicions a jutge. No ens vam tractar gaire, però sí que recordo un jove —llavors tenia trenta-quatre anys— apassionat per la seva feina i decidit a perseguir fins a l'últim alè els *dolents*. La seva capacitat de treball ha estat àmpliament reconeguda, i àdhuc lloada pels mitjans de comunicació davant l'opinió pública, fins al punt que una escriptora de renom com Pilar Urbano li va dedicar un llibre ple d'elogis titulat *El hombre que veía amanecer*. No sé si aquella estimació excessiva era real o fictícia, però de segur que no li va fer cap bé a l'hora de controlar el seu afany de notorietat i protagonisme, que, al cap i a la fi, l'ha acabat enfonsant.

Però, anem al gra. És culpable o innocent? Es va extralimitar en les seves competències, i de manera maliciosa va endegar unes investigacions que ell mateix sabia que no podia dur a terme? O, ans al contrari, ha estat objecte d'una persecució i un calvari buscats pels seus nombrosos enemics, entre els quals hi ha noms molt coneguts del poder polític, financer i judicial?

Doncs, de tot una mica. Baltasar Garzón és l'exemple del millor i pitjor que pot arribar a fer un jutge. No cal dir que la seva aferrissada lluita contra les xarxes de narcotraficants a Galícia, durant la dècada dels anys noranta, va significar un exemple de constància i superació de les dificultats en què sovint ens trobem els jutges i fiscals quan es tracta de perseguir grups criminals molt ben organitzats. Malgrat l'ajut de confidents i policies infiltrats en aquestes organitzacions, un mètode perfectament legal d'obtenció de proves que permetin avançar en la investigació, el descobriment i la condemna dels culpables, els perills d'interferències i paranys en aquesta mena de casos són freqüents.

Moltes vegades, els operadors jurídics no sabem qui és el veritable enemic; qui s'amaga darrere dels autors materials del delicte i quins són els interessos econòmics que dirigeixen l'activitat criminal. Tot sovint, hem de limitar-nos a enxampar, detenir i jutjar els últims esglaons de la cadena. Qualsevol que porti uns quants anys en el món judicial ho sap prou bé. Però cal admetre que Garzón mai no es va aturar en el seu deure d'arribar fins al final. I això l'honra.

La seva biografia és plena de casos en què àdhuc va córrer riscos personals, i per això sempre ha dit que el que més li costava d'assimilar era el fet d'haver de portar constantment escorta policial com a protecció. Sens dubte, les seves decisions en casos de persecució internacional de genocides com Pinochet o Scilingo van marcar un abans i un després en el concepte de justícia universal, i aquest serà un pòsit que ningú no li podrà treure.

Tanmateix, som davant d'un personatge que, alhora, presenta molts clarobscurs en la seva trajectòria, fins al punt que podem afirmar que el bagatge final no ha valgut la pena. Ni per a ell a títol personal, ni per a la societat, i ha demostrat una vegada més que el fi no justifica els mitjans.

Hom pensarà que tot personatge important és susceptible de generar controvèrsia, i, per tant, adhesions absolutes i odis viscerals. És cert, però en el cas de Garzón hi ha molt més que això. La seva vida professional ha estat plena de querelles, demandes i actuacions disciplinàries de les quals s'ha hagut de defensar. Se n'havia sortit prou bé fins a l'any 2010, quan el Tribunal Suprem i el Consell General del Poder Judicial van decidir gairebé de manera simultània obrir-li un procés sancionador i tres causes penals, amb motiu de les seves decisions al capdavant del Jutjat Central d'Instrucció núm. 5 de l'Audiència Nacional.

Avui, tots aquells processos estan ja resolts i tancats, llevat del recurs d'empara que s'està tramitant davant del Tribunal Constitucional, on Garzón demana l'anul·lació del judici i la sentència que el va condemnar com a autor d'un delicte de prevaricació. Sigui quina sigui la decisió del Tribunal Constitucional, o bé l'Estat espanyol, o bé el mateix condemnat la impugnaran i el cas arribarà al Tribunal Europeu de Drets Humans. Quan es resolgui definitivament, molt em temo que la resolució del Tribunal Europeu de

Drets Humans farà pujar els colors a més d'un, i deixarà, una vegada més, la justícia espanyola per terra.

La pregunta que ens hem de fer no ha de ser només si Garzón va pecar de supèrbia i ara està recollint el que ell mateix va sembrar, sinó si, malgrat les peculiaritats del personatge, va tenir un judici just amb totes les garanties que la llei li reconeix.

La resposta, per molt que em dolgui, només pot ser negativa. Lluny de justificar el que va fer, puix qualsevol jurista sap que les converses entre client i advocat són confidencials i no poden ser gravades, sempre he defensat que la resposta punitiva als seus errors va ser manifestament desproporcionada. I quan una decisió judicial cerca per damunt de tot ser exemplaritzant, llavors es confon justícia amb venjança. El Tribunal Suprem, o, millor dit, alguns dels seus magistrats, van tenir molt clar que aquesta era una oportunitat irrepetible de passar comptes amb qui, massa vegades, s'havia atrevit a qüestionar les seves decisions.

Què amaga, doncs, el cas Garzón? Com és possible que dues entitats inequívocament feixistes com Manos Limpias i Falange Espanyola poguessin asseure'l al banc dels acusats? Pot semblar irònic o absurd, però no ho és gens.

La història va voler que l'any 2009, un personatge polièdric com Baltasar Garzón es trobés damunt la taula dos processos enverinats: el que es va incoar amb motiu de les querelles presentades per un grup d'associacions memorialistes que només volien que s'investigués on eren enterrats els seus familiars, amb el lloable objectiu de donar-los sepultura digna i esbrinar d'una vegada per totes la veritat històrica de l'abast de les represàlies del bàndol que va guanyar la Guerra Civil del 1936-1939, i el sumari de corrupció política i financera més gran descobert a l'Estat espanyol l'any 2009.

Davant d'aquest repte immens, el pitjor que podia passar era que ambdós casos fossin repartits al Jutjat Central d'Instrucció núm. 5 de l'Audiència Nacional. Hi ha qui diu que allí els casos no es reparteixen com a la resta de jutjats territorials, és a dir, de manera aleatòria i amb l'ajut d'un programa informàtic que impedeix cap manipulació per tal d'assolir una adjudicació predeterminada. Potser és una llegenda urbana més de les que afecten l'esmentada jurisdicció especialitzada, o tribunal d'excepció com en diuen alguns. No m'atreveixo a afirmar-ho ni a desmentir-ho, però no em negaran que és prou estrany que determinats casos sempre toquin a determinats jutges.

Llei i justícia: La memòria històrica

Començant pel primer, i com ens recorda la periodista Sònia Bagudanch en el llibre *Et presento el jutge Garzón*, les entitats memorialistes es van queixar moltes vegades que una vegada admesa a tràmit la querella en una extensa interlocutòria dictada el 16 d'octubre del 2008, amb tot el rebombori mediàtic i elogis al jutge que va comportar, aquest no havia fet cap altra cosa que demanar certificats al Registre Civil per tal d'acreditar que gairebé tots els possibles culpables del crims comesos durant l'època franquista ja eren morts, començant pel mateix Francisco Franco. Una obvietat.

Una vegada més semblava, com era habitual en els sumaris instruïts per Garzón, que es treia de sobre la feina d'investigar a fons els fets, atès que ja havia aconseguit tornar a aparèixer davant l'opinió pública com el justicier universal.

Tot apuntava que, després de deixar passar uns mesos sense cap avenç en el procediment, faria el mateix que ja havia decidit en altres casos sonats anteriors, com l'ordre internacional de detenció cursada contra Ossama bin Laden el 17 de setembre del 2003, l'intent d'imputació del primer ministre italià Silvio Berlusconi l'any 2001, o el processament amb petició d'extradició del secretari d'Estat dels EUA Henry Kissinger l'any 1999. Decisions tan agosarades com d'impossible compliment. En arribar a un cul-de-sac, es declararia incompetent i delegaria la feina en altres jutjats o acabaria arxivant el cas.

El debat jurídic sobre les desaparicions forçades de persones sospitoses de *desafección al movimiento*, dutes a terme per membres de la Falange Espanyola i militars revoltats contra la Segona República, ha estat sempre molt complex. Mereix algunes reflexions fetes amb serenitat, atès que, d'una banda, aquesta mena de delictes contra la humanitat es consideren imprescriptibles d'acord amb la legislació internacional, i, de l'altra, hi ha nombrosos defensors de la tesi que la Llei d'amnistia de l'any 1977 va tancar definitivament la porta legal a la persecució d'aquests delictes, si van ser comesos per espanyols contra espanyols.

Es tracta de la reiterada qüestió, certament discutible, de si cal fer prevaler el desig de reconciliació i oblit per tancar les velles ferides, o si abans és imprescindible aclarir la veritat històrica i condemnar els culpables d'aquells crims, com a pas previ per al perdó.

De fet, tota la jurisprudència del Tribunal Suprem espanyol va en la primera direcció, com ho demostren les sentències dictades per la Sala IV en el sentit de denegar la revisió dels judicis de guerra sumaríssims que van dur a la mort Lluís Companys, Francesc Payró o Salvador Puig Antich, entre tants d'altres. Malgrat admetre que van ser judicis il·legals, presidits per tribunals dels quals formaven part militars que ni tan sols havien estudiat la carrera universitària de dret, i que de cap manera podia considerar-se'ls imparcials, els màxims responsables de la judicatura espanyola han rebutjat en els darrers vint anys totes les demandes de nul·litat d'aquelles sentències, la qual cosa ha condemnat els familiars dels executats a haver d'acceptar que el seu pare, germà o fill continuï essent considerat per la llei com un delinqüent.

La transició democràtica de l'any 1977 és molt llarga; potser massa hi tot. Si passats ja més de trenta anys des del final de la dictadura encara no és possible, no se m'acut pensar quan arribarà l'hora de reconèixer els errors passats i fer net amb tot aquell horror.

Hom pot pensar que la Llei de la memòria històrica, aprovada el 31 d'octubre del 2007, amb el suport majoritari del Partit Socialista Espanyol i el Partit Popular, ja dóna resposta adient a aquell deure, però no és pas així. La llei no inclou l'anul·lació de les sentències de mort injustes, ni obliga l'Estat a cercar les fosses comunes on romanen enterrades sense identificar les restes de milers d'homes i dones *desapareguts*. Certament que s'ha declarat la il·legimitat política i jurídica d'aquells crims, i s'ha ofert als familiars de les víctimes un minso rescabalament econòmic, però no n'hi ha prou.

La Llei d'amnistia espanyola recull un mandat d'irretroactivitat en la persecució d'aquests delictes incompatible amb la legislació i la jurisprudència internacionals. El Tribunal Penal Internacional i el Tribunal Europeu de Drets Humans han declarat reiteradament incompatibles aquesta mena d'amnisties amb la Carta Universal dels Drets Humans. De fet, la Comissió de Drets Humans de l'ONU ja va declarar l'any 2001 que totes les lleis de *punt final* aprovades arreu del món, amb especial referència a l'Amèrica Llatina, vulneraven el principi de persecució i imprescriptibilitat punitiva dels crims contra la humanitat, i àdhuc l'any 2012, una resolució de l'alta comissionada per a Europa va recomanar al Congrés de Diputats espanyol que la derogués. No cal dir el cas que n'han fet els dos partits majoritaris.

Una vegada, la Sala d'Apel·lacions de l'Audiència Nacional va declarar, amb quatre vots particulars discrepants, que la competència per investigar les fosses dels desapareguts era dels jutjats d'instrucció de cada territori on hi hagués indicis de llur existència, i Garzón ja no va fer res més convençut que li acabaven de fer un favor.

Poc s'esperava, però, que aquells a qui havia enutjat amb aquest cas i amb molts altres d'anteriors estaven a l'aguait i no pensaven deixar passar l'oportunitat. El mes de maig del 2010, amb motiu de la querella presentada pel sindicat ultradretà Manos Limpias, el Tribunal Suprem va decidir incoar un procediment penal contra el magistrat, i, pocs mesos després, el Ple del Consell General del Poder Judicial el suspengué cautelarment de les seves funcions al capdavant del Jutjat d'Instrucció núm. 5 de l'Audiència Nacional.

És força recomanable llegir amb cura la interlocutòria dictada en data 7 d'abril del 2011 pel jutge instructor designat pel Tribunal

Suprem, Luciano Varela, amb fama de pertànyer al sector progressista de la judicatura, on descriu els indicis que donen suport a la imputació de Garzón per presumpte delicte de prevaricació dolosa, és a dir, dictar resolucions injustes malgrat ser-ne plenament conscient i amb finalitats espúries.

En un dels paràgrafs, recull literalment «[...] *con dicha actuación, no se resuelve con independencia de criterio, esa independencia interpretativa que la ley y la jurisprudencia amparan, sino que se desconoce de forma intencionada el principio de legalidad, con manifiesto desprecio del contenido de la Ley de Amnistia 46/77. Se trata, en suma, de hacer prevalecer la opinión personal —cualquiera que sea la intención que la impulse— por encima del ordenamiento jurídico*». En la sentència absolutòria dictada el 27 de febrer del 2012, hi ha consideracions molt similars a aquesta, que deixen clar que l'acusat va traspassar —segons el parer del Tribunal Suprem— les línies vermelles de la interpretació jurídicament admissible, i per això va emetre resolucions injustes objectivament constitutives d'un delicte de prevaricació. Tanmateix, se l'absol perquè, davant del dubte de si ho va fer de manera maliciosa o per ignorància culposa, el tribunal considera que aquest dubte ha de beneficiar l'acusat. Per a l'acusat, tan ofensiva era la primera com la segona possibilitat.

Davant d'aquesta decisió, podem pensar que el Tribunal Suprem és un ens molt garantista i va preferir no condemnar qui potser només s'havia excedit sense voler en les seves atribucions, conscient que ja feia gairebé dos anys que estava suspès de sou i feina pel Consell General del Poder Judicial. O bé els més malpensats poden albirar que, com que l'objectiu ja s'havia assolit, no calia ferne més acarnissament, atès que pocs dies abans el mateix Tribunal Suprem havia declarat culpable Baltasar Garzón d'un altre delicte de prevaricació, derivat en aquest cas de les escoltes il·legals ordenades per ell en relació amb els advocats defensors dels imputats pel cas Gürtel, quan romanien internats en un centre penitenciari en situació de presó preventiva.

El pensament és lliure, i cada un de nosaltres pot tenir, a hores d'ara, la seva opinió personal. No em negaran, però, que és una trista ironia del destí que hagin estat un sindicat ultradretà i uns presumptes corruptes els qui han fet que el nostre jutge estrella hagi acabat estavellat i lluny d'Espanya.

Una Espanya que, cal recordar-ho, durant més de deu anys —del 1982 al 1994— estava dirigida per un govern d'esquerres. Com és que no va ser fins a l'any 2008 que la justícia es va ocupar per primera vegada seriosament dels crims del franquisme? Podem admetre que, en els anys immediatament posteriors a la Transició democràtica, les condicions sociològiques i els equilibris entre poder legal i poders fàctics feien difícil endegar una lluita jurídica contra la impunitat amb què havien viscut tots aquells que havien servit en els aparells repressors de la dictadura, però, una vegada consolidat el nou Estat democràtic de dret, sembla incomprensible que ningú no assumís el rol d'instar accions davant dels tribunals, com sí que es va fer en altres països —Xile, Argentina, Uruguai— que havien patit règims similars.

La història ens posarà a cada un en el nostre lloc, i molts haurem d'avergonyir-nos per no haver fet prou per donar una reparació, encara que sigui només moral, a tots aquells que van ser víctimes directes o secundàries de l'horror.

Botxí i màrtir: el cas Gürtel

El segon cas pel qual Garzón va asseure's al banc dels acusats, i l'únic pel qual ha estat finalment condemnat, presenta un aiguabarreig de matisos que tot sovint els mitjans de comunicació han obviat.

És fàcil de comprendre que en un article d'opinió a la premsa escrita o una notícia difosa per ràdio o televisió, no es pot aprofundir en tots els serrells que —si un s'hi fixa bé— palesa el cas de corrupció anomenat Gürtel, en inequívoca referència germànica al cognom d'un dels principals imputats.

Els jutges som uns simples operadors jurídics que, amb millor o pitjor fortuna, i amb l'autoritat que ens dóna la nostra funció constitucional, intentem resoldre amb imparcialitat i independència els conflictes que afecten la gent. Per fer-ho, gaudim d'un instrument molt valuós, que és la llei. Molts dels meus companys de carrera argumenten que la nostra feina s'ha de limitar a aplicar la normativa vigent, sense que ens correspongui qüestionar si és justa o no. És al legislador, diuen, o sigui, als diputats que el poble elegeix cada quatre anys, als qui correspon mantenir o esmenar les lleis, no al poder judicial.

No hi estic pas d'acord. O, més ben dit, no del tot.

Si ens limitéssim a ser la veu de la llei en cada cas concret sotmès a la nostra jurisdicció, la jurisprudència mai no avançaria. En una època en què les noves tecnologies fan possible que en una base de dades hi hagi degudament compilada i sistematitzada tota la normativa d'un país, poc faríem falta els jutges si administrar justícia fos tan fàcil.

La seguretat jurídica és la clau de volta del sistema jurídic, però la interpretació de la norma per tal d'adaptar-la a l'objectiu de donar a cada un el que és seu, en funció de les circumstàncies específiques de cada cas, esdevé una tasca imprescindible. I en això no hi ha ordinadors que valguin.

Ara bé, una cosa és interpretar la llei i una altra de molt diferent és ignorar-la o menystenir-la. El cas Gürtel i les decisions d'investigació que va adoptar al seu dia Baltasar Garzón, amb la finalitat —no n'he tingut mai cap dubte— de descobrir els culpables i obtenir les proves que permetessin jutjar-los, són un exemple paradoxal de com es pot arribar a perseguir un delicte de manera tan maldestra que s'acabi reforçant la impunitat dels delinqüents.

Tothom ha de respondre davant la justícia. Els jutges també. O ens creiem de veritat que ningú és intocable o ja podem trencar el joc de cartes que entre tots ens hem repartit per tal de jugar la difícil partida de la convivència democràtica. D'entrada, pot semblar que fer seure davant d'un tribunal un jutge amb tants èxits i prestigi internacional com Garzón és un disbarat incomprensible propi d'una pel·lícula dels germans Marx. Algun opinador mediàtic (Pilar Rahola) va arribar a dir que era un insult i un despropòsit ètic.

Oblidar que el fi mai no justifica els mitjans és el pitjor error que podem cometre. I l'excompany Garzón no ho va tenir prou en compte. Des de les primeres classes de Dret, quan arribem a la Facultat, els professors ens ensenyen que si en el futur volem ser uns bons juristes, sigui com a advocats, jutges o fiscals, mai no hem de caure en el parany de defensar amb mitjans il·lícits qualsevol causa, per més justa que ens sembli.

El cas Gürtel presenta totes les característiques d'una conxorxa política amb difusos interessos econòmics, on els uns han aprofitat per fer grans obres i despeses totalment innecessàries, però que donen rèdits electorals, i els altres s'hi han sumat empesos per l'afany de guanyar molts diners sense haver d'esforçar-s'hi gaire. Té tots els ingredients d'una novel·la d'intriga, on el poder polític d'alcaldes, regidors i algun president de comunitat autònoma han utilitzat els seus càrrecs per facilitar l'adjudicació de contractes de serveis a càrrec de l'Administració pública, amb la qual cosa han generat uns dèficits inassolibles per a la seva respectiva Administració autonòmica o municipal.

La simultània manca d'escrúpols i la confusió conscient d'allò que és de tots amb els interessos personals s'han conjuminat per fer possible que el pastís arribés a tanta gent com era necessari per assolir un enriquiment injust. La corrupció sempre és bidireccional, necessita corruptors i corromputs.

Però d'això ja en parlarem més extensament en un altre capítol.

Aquí voldria posar l'accent en com la supèrbia a l'hora de lluitar contra aquesta xacra pot provocar, si no es va amb compte, un efecte completament contrari a allò que es vol aconseguir. És precisament en aquesta classe de casos que cal ser molt curosos amb els mètodes de treball durant la instrucció, atès que les persones sotmeses a investigació tenen molts mitjans de defensa i els contactes adients per aprofitar qualsevol errada.

Prou bé que ho saben els meus col·legues italians després d'anys i esforços per portar a judici un dels personatges més importants, i alhora més estrafolaris, del seu país. Evidentment es tracta de l'ex-president Silvio Berlusconi, capitost dels mitjans de comunicació més rellevants d'Itàlia i veritable prestidigitador de masses. Al seu costat, el millor triler de la Rambla és un aficionat.

Les xarxes mafioses entre polítics i empresaris no són pas una novetat. Sempre n'hi ha hagut i dissortadament n'hi haurà. L'abast, però, que han assolit en les darreres dècades arreu d'Europa és força preocupant.

Sens dubte, la globalització de l'economia, la supressió de fronteres i controls duaners, la internacionalització de les transaccions financeres i la pèrdua de valors essencials com l'esforç i l'honestedat, han fet possible que avui dia els personatges més famosos siguin precisament aquells qui més han acumulat la seva riquesa d'una manera poc clara.

En aquest context, no és estrany que els jutges i fiscals encarregats de perseguir els delictes financers i societaris estiguin a l'ull de l'huracà, vigilats de molt a prop per l'allau d'assessors que envolten els qui gaudeixen d'una posició dominant en el món polític i econòmic. Tots ells saben que la millor manera de desactivar una investigació que pot descobrir trames que consideren que han de continuar ocultes és desprestigiar el responsable de la instrucció. Si la poden aturar en la fase policial, molt millor; si no, ja trobaran alguna manera d'obstaculitzar el lent i burocràtic procés judicial, tan procliu a retards i errors que acaben garantint un ampli marge d'impunitat.

El poder judicial, com la resta de poders de l'Estat, està format per persones que tenen accés a fonts d'informació privilegiada. Però no sempre aquestes fonts estan disposades a col·laborar per raons altruistes. I aquí és on cal tenir molt clar quines són les línies vermelles que no es poden traspassar, amb el risc d'engegar en orris tota la investigació i contaminar els resultats.

La Llei orgànica 16/1993, de 23 de desembre, del poder judicial, recull que —art. 11.1r— són nul·les totes les proves d'un delicte obtingudes amb vulneració d'un dret constitucional. I l'article 18 de la Constitució determina que el secret de les comunicacions privades és un dret fonamental inviolable, llevat de determinats supòsits prèviament fixats per la llei. La regla general és, per tant, la confidencialitat absoluta de tota conversa duta a terme en un espai que no sigui públic.

No cal dir que Garzón coneixia perfectament aquesta normativa i la jurisprudència del Tribunal Constitucional que la interpreta. Malgrat tot, quan va copsar indicis que alguns dels advocats de les persones imputades en el cas Gürtel podien estar col·laborant amb el seu client a evadir vers paradisos fiscals llunyans una part important dels diners obtinguts il·lícitament, empès pel desig d'esbrinar com ho feien i a on anaven a parar, va prendre una decisió que cap altre jutge no s'hauria atrevit a prendre. Com és prou sabut, va ordenar als responsables del centre penitenciari on romanien internats els presos preventius que ell mateix havia engarjolat, com a presumptes autors d'aquell delicte, que activessin micròfons de gravació en àudio als despatxos on es duien a terme les entrevistes legals entre l'advocat i el pres.

La Llei d'enjudiciament criminal només permet aquesta intromissió en el dret de defensa, quan es tracti d'investigacions per delictes de terrorisme i amb la finalitat d'evitar nous atemptats, o en el delicte de segrest de persones que continuen desaparegudes, amb l'objectiu d'esbrinar-ne el parador i així exhaurir les possibilitats de rescatar-les en vida.

Per molt que ens indignin, els casos de corrupció política i econòmica no estan dins d'aquestes excepcions. El principi de proporcionalitat regeix totes les mesures cautelars en l'àmbit penal, i aquests casos estan considerats per la llei com a delictes de defraudació patrimonial. És a dir, no són delictes contra la vida i per això la llei no permet sacrificar el dret de defensa, indissoluble a la confidencialitat de les comunicacions entre advocat i client. Ni tan sols amb l'excusa d'esbrinar la veritat i obtenir proves de la culpabilitat del defraudador.

No tinc cap dubte que si un advocat incompleix el seu deure professional de defensar el client amb mètodes estrictament legals, i col·labora en la consumació del delicte, ha de ser apartat del cas, jutjat i condemnat per aquesta greu irregularitat. Però, d'aquí a manllevar el secret de la defensa, hi va un pas molt gran que mai no hem de fer.

L'Estat democràtic gaudeix de prou mitjans legals per perseguir qualsevol classe de delicte. No és cert que en el nostre sistema jurídic hi hagi un excés de garanties que provoquen un alt percentatge d'impunitat. Si ho comparem amb les estadístiques judicials dels diferents països de la Unió Europea, podrem copsar que a Espanya es descobreixen amb detenció del culpable un 91% dels delictes més greus comesos, com ara els homicidis, assassinats, segrestos amb petició de rescat o violacions. Només Alemanya i França poden presentar dades d'èxit policial similar. I, quant a la resposta judicial, les dades del Consell General del Poder Judicial palesen que el 78% dels casos que arriben a judici acaben en condemna.

Per assolir aquestes xifres prou satisfactòries, no cal infringir la llei ni bandejar les garanties processals dels sospitosos. Només cal fer una bona investigació preliminar i tot seguit instruir el cas amb constància. Malauradament, en l'àmbit jurídic hi ha unanimitat que Baltasar Garzón es va caracteritzar, al llarg de la seva trajectòria professional, per no ser especialment curós ni constant en la instrucció dels casos que es repartien al seu jutjat, malgrat que s'hi passava moltes hores cada dia. Com a conseqüència d'aquesta manera de treballar, no són pocs els fracassos en què van acabar molts dels seus sumaris.

Els vint-i-un independentistes catalans detinguts l'any 92

Si repassem la majoria de casos que va instruir com a jutge de l'Audiència Nacional, podrem comprovar que, tot i que es tractava d'investigacions complexes per raó de la matèria, ja que aquesta jurisdicció especialitzada s'ocupa en exclusiva de delictes de narcotràfic comesos per grups organitzats arreu de l'Estat espanyol, blanqueig de capitals, corrupció amb implicacions de xarxes criminals, terrorisme, etc., una vegada duta a terme l'operació de detenció dels principals implicats, amb la freqüent —i poc casual— presència de mitjans de comunicació, Garzón es limitava a practicar les diligències més urgents que exigeix la Llei d'enjudiciament criminal.

Els seus sumaris es caracteritzen per incoar-se amb un atestat policial molt extens, amb múltiples presumptes copartícips, i amb detencions sovint indiscriminades que provocaven una gran atenció mediàtica. En el decurs dels primers cinc dies, la desfilada de sospitosos pel seu jutjat era constant, a fi i efecte de prendre'ls declaració a títol d'imputats, interrogatori que es podia allargar hores i hores, com si l'objectiu fos esgotar la resistència psicofísica del detingut.

Lluny del que és habitual en sumaris tan complexos, la seva decisió tan bon punt havia acabat l'interrogatori era decretar la presó preventiva de l'imputat com a mesura cautelar, malgrat que la jurisprudència del Tribunal Constitucional és constant a l'hora d'interpretar els límits a la restricció del dret fonamental a la llibertat que l'article 17 CE reconeix a tothom, llevat de causes excepcionals, en el sentit que recorda que aquesta mesura és excepcional i només s'ha d'adoptar quan és completament imprescindible per evitar:

1. El risc de fuga del presumpte culpable
2. La destrucció de proves
3. La reiteració delictiva

Qui es molesti a recopilar les interlocutòries dictades per Garzón des que va accedir a l'Audiència Nacional veurà que tenien sempre un patró comú que incloïa tots tres motius, fossin o no certs en el cas concret, i —de collita pròpia— hi afegia que també era necessària la presó provisional sense fiança perquè l'alarma social generada per l'activitat delictiva dels imputats era pública i notòria.

Amb aquesta valoració totalment subjectiva i discutible, ja que no se m'acut com es pot mesurar un concepte tan indeterminat com l'alarma social, llevat que identifiquem aquesta suposada por col·lectiva amb el ressò derivat de l'àmplia cobertura de televisió, ràdio i premsa que ell mateix havia provocat, el nombre de presos preventius del seu jutjat no parava de créixer i era sempre el més elevat de tota l'Audiència Nacional. Davant l'opinió pública, el missatge era clar: o bé la resta de jutges eren uns tous, o bé només ell era capaç de fer justícia immediata i s'erigia en el protector màxim de tota la societat.

Res a dir, si no fos perquè al cap de pocs mesos i sense que haguessin variat les circumstàncies objectives del fet ni les personals del presumpte culpable, ell mateix deixava sense efecte la mesura cautelar vigent i decretava la llibertat provisional en una resolució de menys d'una pàgina, on matisava que ja no era necessària per a la finalitat del procés.

Per què havia passat de ser imprescindible a supèrflua? Això no ho explicava. Potser perquè algun dels imputats havia cedit a la pressió de romandre empresonat de manera indefinida i havia fet una segona declaració on aportava dades que al jutge li semblaven rellevants per a la investigació, és a dir, com a premi per la seva suposada col·laboració; o potser perquè s'adonava que, si mantenia més temps aquella privació de llibertat amb arguments i indicis tan poc consistents, la defensa no tardaria a interposar un recurs d'apel·lació davant la Sala Penal de l'Audiència, i de ben segur aquest tribunal revocaria la decisió inicial tot declarant que era desproporcionada.

Sigui quina en sigui la raó, el cert és que es poden comptar per dotzenes les persones que van patir presó preventiva per ordre seva i, finalment, ni tan sols van ser acusades pel Ministeri Fiscal, atès que, una vegada finalitzada la instrucció, va considerar que no hi havia indicis suficients per portar-los a judici. Per no fer esment dels acusats —en aquest cas centenars— que van acabar essent absolts pel tribunal d'enjudiciament, en declarar que les proves incriminatòries eren tan febles que no servien per destruir el principi constitucional d'innocència garantit per l'article 24.2n de la Carta Magna.

Arribats a aquest punt, escau preguntar-nos qui retorna a aquelles persones els dies, setmanes o mesos que van romandre tancats preventivament en una presó. Hi ha danys morals que són irreversibles, i els jutges n'hem de ser molt conscients abans d'adoptar decisions que afecten la vida i la llibertat.

Evidentment, tots els jutges ens podem equivocar en alguna ocasió i prendre decisions que perjudiquen ciutadans sotmesos a procés sense que les proves posteriors ens permetin confirmar que estaven prou justificades. El risc sempre existirà, però el que no podem fer és ignorar la presumpció d'innocència que, d'antuvi, la llei reconeix a tothom. I menys encara, podem ordenar mesures cautelars de presó preventiva com si fos una pena anticipada, sense judici, sota l'argument que amb sospites ja n'hi ha prou, encara que finalment no es pugui condemnar l'acusat perquè les proves eren insuficients.

No cal buscar gaire entre els sumaris instruïts per Garzón per trobar exemples prou clars d'aquest abús de dret.

Ja l'any 1992, amb motiu dels Jocs Olímpics de Barcelona, va endegar una persecució indiscriminada d'independentistes catalans que militaven, o simplement tenien ideologia propera, a Terra Lliure.

El 29 de juny, un nombrós desplegament de forces de la Guàrdia Civil va dur a terme operacions simultànies de detenció de sospitosos de preparar un atemptat en diverses instal·lacions olímpiques. A Vic, Manresa, Sabadell i Barcelona, van ser detingudes més de seixanta persones i escorcollats els seus respectius domicilis, sota l'acusació genèrica de ser col·laboradors del grup armat. I, malgrat que les armes i els explosius decomissats no van arribar a mitja dotzena, alguns d'ells inservibles atesos l'antiguitat i el mal estat, la difusió de la batuda policial va ser enorme als mitjans de comunicació estatals i internacionals.

Cal recordar que en aquella època Terra Lliure era ja un grup residual gairebé inoperatiu, abandonat per la immensa majoria d'activistes catalans i sense cap suport dels moviments socials ni partits polítics. Tothom era conscient que es tractava d'un col·lectiu en fase de desintegració interna, sense capacitat operativa real. Però el Ministeri de l'Interior i les forces de seguretat estatals volien donar al món un missatge de tranquil·litat just abans de començar els Jocs Olímpics a la ciutat de Barcelona, i quina millor excusa que la desarticulació d'una banda criminal independentista, encara que el perill d'accions terroristes era mes fictici que real?

Algun malpensat podrà sospitar que tot plegat va ser una manera de desactivar el missatge que moltes entitats socials van transmetre al món sobre la identitat catalana, sota la frase *Catalonia is not Spain*, aprofitant l'avinentesa d'una trobada esportiva tan important. En qualsevol cas, el cert és que poques coses aconsegueixen desprestigiar qualsevol causa, per justa que sigui, millor que la por. I a fe que ho van aconseguir.

Però, per tancar amb cara i ulls el pla davant l'opinió pública internacional, la policia necessitava la validació judicial de la seva actuació repressiva. I qui millor que el jutge Baltasar Garzón, que en aquella època ja començava a destacar com a perseguidor implacable del terrorisme d'ETA!

Una vegada acabats els Jocs, i atès que sota la cobertura de la legislació especial antiterrorista s'havia mantingut incomunicats els detinguts, prèvia ordre judicial de presó preventiva, el cas es va desmuntar com un castell de cartes. Dels seixanta detinguts, en van ser posats en llibertat sense càrrecs vint-i-tres. Ningú no els va explicar, però, per què havien romàs empresonats gairebé dos mesos. Cap disculpa, i menys encara cap mena de rescabalament. Trenta-dues persones van ser acusades de pertànyer a la branca armada de Terra Lliure, i, finalment, només dinou van acabar sent sotmeses a judici. La sentència en va condemnar vuit a penes de presó que no superaven els cinc anys.

Poques vegades en la història judicial espanyola podrem trobar un despropòsit tan gran com aquell. No tan sols semblava que es volien caçar ocells a canonades, sinó que la intenció gens amagada de tota la ràtzia va ser demostrar als catalanistes que l'Estat espanyol no estava disposat a tolerar el més mínim senyal de projecte independentista.

El pitjor de tot, tanmateix, és que vint-i-un dels detinguts van denunciar davant del jutge Garzón haver estat sotmesos a tortures i maltractaments durant els primers cinc dies d'aïllament, passats a la caserna central de la Guardia Civil a Madrid, sense que ni ell ni el fiscal esmercessin el més mínim esforç per investigar si era veritat o no.

Justicier o valent

Els defensors de Garzón, i n'hi ha molts, responen tot sovint a crítiques com les que acabem d'exposar, dient que les seves virtuts superen amb escreix aquests errors. Argumenten que cal valorar la feina feta en el seu conjunt i no tan sols les equivocacions o els excessos que el jutge hagi pogut cometre en el decurs de més de vint anys de lluita contra el terrorisme, el narcotràfic, la delinqüència econòmica i els genocides d'arreu del món.

Cal ser objectius i reconèixer que, en efecte, són moltes les coses positives que hem d'agrair a Garzón. Ja ho he esmentat al començament d'aquest assaig. Però la feina ben feta no pot justificar que el qui té el poder de decidir sobre els drets fonamentals de les persones actuï amb impunitat sota l'excusa que és l'única manera de descobrir els culpables de delictes greus.

Des de l'any 2010, quan es va fer pública la seva imputació com a presumpte autor dels tres delictes de prevaricació judicial que se li van atribuir, la premsa internacional i també alguns mitjans de comunicació espanyols van endegar una campanya de suport, tot expressant la seva sorpresa que s'estigués perseguint qui s'havia atrevit a qüestionar la Llei d'amnistia del 1977. I ho feien tot recordant que, en casos similars, com a Xile i a l'Argentina, els tribunals internacionals de justícia havien dit ja que les lleis de *punt final* eren imcompatibles amb la Declaració Universal dels Drets Humans, raó per la qual calia considerar-les nul·les.

De fet, el principal error del Tribunal Suprem va ser no saber explicar que les tres causes obertes contra Garzón no tenien res a veure entre si, llevat de la coincidència temporal. Una simultaneïtat certament estranya, però, atès que la Sala especial de l'Alt Tribunal —única competent per jutjar càrrecs públics que gaudeixen d'aforament processal específic, com som els jutges— no pot actuar d'ofici, aquesta coincidència cronològica cal atribuir-la en exclusiva a les dues entitats querellants: el sindicat Manos Limpias i Falange Española, públicament conegudes per les seves arrels feixistes.

A ningú no se li escapa que no es va tractar pas d'una simple casualitat. Ans al contrari, els querellants van buscar maliciosament que tot plegat coincidís en el temps per tal de provocar l'esmentada confusió. I a fe que ho van aconseguir.

Lluny del que hauria estat desitjable, la premsa internacional i alguns partits polítics d'esquerres van barrejar els tres procediments jurídics i van prendre posició sense aprofundir en el cas. Només Carlos Jiménez Villarejo, exfiscal anticorrupció de l'Estat en el primer Govern socialista de Rodríguez Zapatero, ja jubilat quan va explotar tot el debat, va advertir que era imprescindible separar el procés de les fosses franquistes i les altres dues acusacions.

La visceralitat que acostuma a acompanyar tots els temes relacionats amb els crims contra la humanitat, com sens dubte van ser els afusellaments en massa de persones per raons ideològiques comesos des de l'any 1936 fins al 1951, no ajuda pas a trobar el punt de serenitat necessari per poder analitzar amb cura fins on és just i legítim reobrir velles ferides, i a partir de quan cal fer taula rasa i oblidar.

Sempre he pensat que, com ens estan demostrant any rere any els processos de pau i regeneració democràtica endegats per Sud-àfrica, Irlanda del Nord i tants altres països que van patir una guerra civil, l'oblit només pot començar una vegada aclarits els fets i demanat el perdó per part dels qui van ser els botxins. En el cas de la guerra espanyola del 1936 al 1939, uns i altres, si bé la història ha fet palès que, una vegada acabada, la venjança dels qui la van guanyar va ser totalment desproporcionada.

És precisament per això, per la inevitable sensibilitat emocional que automàticament genera qualsevol investigació sobre els desapareguts durant la postguerra, que calia que el Tribunal Suprem hagués tingut especial cura a explicar en les seves resolucions que l'objecte de debat en el procés obert contra Garzón era estrictament tècnic i jurídic. En concret, sobre si gaudia de competència territorial per ordenar la recerca de les fosses, l'exhumació i la identificació dels cadàvers, el retorn als seus legítims familiars i la depuració de responsabilitats criminals en cas que encara quedés viu algun dels responsables d'aquella època.

No ho van fer, conscientment o inconscientment, i el resultat va ser que, per a la immensa majoria dels ciutadans, espanyols i estrangers, la imputació i el judici final per prevaricació van ser vistos com una venjança dels qui encara gaudien del poder de decidir que ja no era moment de revisar el passat.

Fins a quin punt això era cert o no correspon a cada lector decidir-ho. Només em permeto recordar que el recurs que tant la Fiscalia General de l'Estat com les acusacions particulars van interposar davant la Sala Penal de l'Audiència Nacional, tot impugnant la interlocutòria on Garzón es declarava competent per continuar la instrucció del cas, va ser estimat per una majoria de magistrats, però no pas per unanimitat. És a dir, va ser una deliberació oberta on uns i altres van exposar llurs respectives tesis, i la decisió final es va adoptar per majoria de 9 a 4.

No era, per tant, una decisió fàcil ni evident; ans al contrari, qualsevol persona —sigui jurista o no— que es molesti a llegir la resolució que va declarar que el Jutjat Central d'Instrucció núm. 5 no era el competent, sinó cada un dels jutjats d'instrucció del territori on es trobés alguna de les fosses, podrà copsar que els arguments jurídics i ètics d'ambdós grups de magistrats eren força sòlids i defensables. Sens dubte, aquesta disparitat de criteris va ser determinant perquè, el mes de març del 2012, el Ple del Tribunal Suprem dictés una sentència absolutòria per a Garzón, si bé el seu contingut és inequívoc en el sentit de censurar-li que hagués comès —per ignorància— l'error de considerar-se competent per instruir el cas, alhora que deixava entreveure que potser ho havia fet, una vegada més, per afany de notorietat.

Egòlatra o irresponsable

Aquelles consideracions fetes pel tribunal, gens ingènues, posaven de manifest quelcom que era *vox populi* en el món judicial. L'excés de protagonisme de Garzón en tots els casos que corresponien al seu jutjat, la seva tendència a exagerar els indicis inicials que podien justificar la incoació del procediment contra els sospitosos, la seva manca de prudència a l'hora d'ordenar detencions i empresonaments preventius multitudinaris, amb presència freqüent dels mitjans de comunicació, havien anat carregant de raons els qui estaven esperant la situació ideal per retre comptes amb el jutge que s'havia atrevit a desafiar-los.

I la quadratura del cercle es va produir quan, sense que hi hagués cap relació entre el sumari del cas de la memòria històrica i l'anomenat cas Gürtel de corrupció politicofinancera, on estan implicats nombrosos càrrecs públics del Partit Popular que l'any 2009 ocupaven llocs directius a l'Administració local, autonòmica i estatal, Garzón va prendre una decisió molt pròpia d'ell però impensable en qualsevol altre jutge: ordenar la intervenció i la gravació de les converses que mantenien els imputats en situació de presó provisional amb els seus advocats.

No em cansaré d'insistir que el dret de defensa és essencial en el funcionament d'un Estat democràtic. Si obrim escletxes sota l'excusa que a vegades l'única manera de trobar proves contra els culpables és limitant els seus drets constitucionals, estarem obrint la caixa de Pandora amb conseqüències imprevisibles.

No es tracta només que mai el fi justifica els mitjans, sinó que qualsevol jurista sap que les proves així obtingudes són il·lícites, i, per tant, nul·les en el judici oral i amb un efecte contaminador de la resta de proves de càrrec que s'hagin descobert gràcies a aquelles escoltes il·legals. És el que en dret comparat s'anomena *fruits of poisonous tree*, o sigui, «els fruits de l'arbre enverinat». Si ens els mengem, tot el sistema de garanties mor.

Hom podrà dir que una cosa són les regles generals que cal complir i l'altra és que no hi hagi excepcions justificades. Cert, però la mateixa Llei d'enjudiciament criminal i la jurisprudència del Tribunal Europeu de Drets Humans ja preveuen aquestes circumstàncies excepcionals. La intervenció de les comunicacions entre advocat i client només està autoritzada en casos de delictes molt greus contra la vida. En concret, existeixen precedents arreu d'Europa i els EUA on els tribunals han validat aquest mètode clandestí d'investigació. El seu àmbit està, tanmateix, limitat a casos de terrorisme, de segrest i de violació de menors.

Atès que es restringeix judicialment un dret fonamental com és la intimitat personal i la confidencialitat amb l'advocat defensor, la llei exigeix que el delicte sotmès a investigació sigui molt greu, i que la finalitat de la gravació de la conversa sigui obtenir dades que permetin descobrir on és la persona segrestada abans no es produeixi la mort o evitar un nou atac terrorista amb multitud de víctimes.

El poder legislatiu i el poder judicial han de preveure que, davant de determinades situacions, l'aparell de l'Estat ha d'emprar mètodes poc habituals en la recerca de proves que impedeixin la consumació d'un delicte greu o que permetin trobar els culpables, però aquesta ha de ser l'excepció a la regla general i mai no ha de comportar la vulneració dels drets humans.

Si no ho acceptem així, estaríem justificant una altra vegada la tortura física com a mètode d'esbrinar la veritat o la presó preventiva del sospitós amb l'objectiu de vèncer la seva resistència psicològica, o, àdhuc, la denegació del dret a gaudir d'un advocat defensor a aquelles persones acusades de cometre delictes execrables. Ha costat molts anys arribar fins aquí per renunciar ara als drets fonamentals que ens emparen.

El cas Gürtel, per molt rebuig que ens provoqui la corrupció que en aquests darrers anys afecta la vida política, no es pot considerar inclòs dins dels delictes contra la vida, puix que és de caràcter econòmic. Cap tribunal europeu no hauria permès que un jutge d'instrucció hagués dut a terme impunement la vulneració del dret fonamental a la defensa que es va imputar a Garzón, i pel qual, finalment, va ser condemnat a la pena d'inhabilitació per continuar exercint la funció jurisdiccional.

El tercer procés obert a Baltasar Garzón girava entorn de la seva presumpta connivència amb el president del Banc Santander, persona que —l'any 2006— tenia obert un sumari al Jutjat Central d'Instrucció núm. 5. Com és conegut ja per l'opinió pública, aquell any el nostre magistrat va demanar una excedència al Consell General del Poder Judicial per tal de poder exercir la docència a la Universitat de Nova York, on l'havien convidat com a professor extern.

És bo saber que els jutges tenim un règim d'incompatibilitats molt restrictiu, atès que la llei ens prohibeix qualsevulla activitat que pugui posar en dubte la nostra independència. De fet, les úniques tasques —retribuïdes o no— que se'ns permet fer són les d'àmbit docent (classes, conferències, taules rodones, etc.), investigació i divulgació jurídica (llibres), i les col·laboracions esporàdiques en mitjans de comunicació, com ara participació en debats de televisió, ràdio i articles de premsa. Atès que la petició de Garzón era per impartir classes sobre dret internacional, li va ser concedida la llicència per un any.

Res no hauria succeït si quan el jutge va tornar d'Amèrica i es va reincorporar al seu jutjat, no hagués resolt en favor de la defensa del senyor Botín una petició d'arxivament de la querella criminal que, fins llavors, s'estava tramitant. I tampoc no hauria passat res si no hagués estat precisament el Banc de Santander el que va donar la subvenció econòmica que va permetre a la Universitat de Nova York pagar el sou durant tot el curs acadèmic al professor Baltasar Garzón.

La Llei orgànica del poder judicial, que regula quins són els deures dels jutges, recull de manera molt clara que quan a un de nosaltres li correspon resoldre un cas en el qual està implicada qualsevol persona amb la qual tenim amistat, enemistat manifesta o interessos comuns, hem d'abstenir-nos-en i demanar a la Sala de Govern del Tribunal Superior de Justícia que designi un altre jutge que ens substitueixi. Afortunadament, no és una situació gaire freqüent, però tampoc no és estranya, i tots els jutges ho considerem convenient per tal de garantir no tan sols la nostra imparcialitat, sinó també l'aparença. D'aquesta manera, es garanteix un judici just a totes les parts implicades en el procés.

Lluny de fer el mateix que qualsevol altre jutge, Garzón no se'n va abstenir i va arxivar el sumari, amb la consegüent queixa dels querellants. La comissió disciplinària del Consell General del Poder Judicial va obrir un expedient sancionador i, després dels tràmits corresponents, va decidir enviar el cas al Tribunal Suprem en apreciar-hi indicis de delicte de prevaricació, és a dir, dictar una resolució injusta amb ple coneixement de la seva il·legalitat.

Com tothom sap a hores d'ara, aquella causa va acabar finalment amb una interlocutòria de sobreseïment lliure, ja que el magistrat instructor designat per l'Alt Tribunal va considerar que el possible delicte estava prescrit; és a dir, que ja havia passat el temps màxim que el Codi penal fixa per jutjar el presumpte culpable. La lectura d'aquella interlocutòria permet, tanmateix, comprovar que si els fets que s'hi esmenten fossin certs i no estiguessin prescrits, el Tribunal Suprem hauria condemnat també Garzón en aquest tercer cas.

Emetre qualsevol judici de valor sobre la figura de Garzón requereix, doncs, una anàlisi global de la seva trajectòria, amb el risc de quedar-nos en la superfície i opinar en funció de prejudicis, a favor o en contra, interioritzats al llarg de la seva dilatada carrera professional.

Ningú no mereix que se'l jutgi per allò que no ha fet. I menys encara una persona que ha dedicat tota la seva vida a jutjar els altres, però tots hem d'assumir les conseqüències dels nostres actes, sense esperar que ens perdonin en pagament de serveis anteriors, per molt valuosos que hagin estat.

Jutge, polític o actor mediàtic

He sentit a dir moltes vegades que el poder judicial és l'únic que no està legitimat pel poble, ja que els jutges no som elegits per la ciutadania sinó per mitjà d'un procés de selecció tècnica dirigida pel Consell General del Poder Judicial, a diferència del que succeeix amb els diputats i els membres del poder executiu.

No hi estic pas d'acord, malgrat que en el sistema judicial anglosaxó, efectivament, als jutges estatals i federals els designen els ciutadans cada cinc anys, raó per la qual s'han de presentar a les eleccions com qualsevol altre representant polític. Aquest sistema pot semblar molt democràtic, però, com tot, té avantatges i inconvenients.

Un exemple molt clar el tenim amb els magnífics llibres escrits per John Grisham, *L'apel·lació* i *El jurat*. En síntesi, ens demostren que els ciutadans no disposen de prou informació sobre els qui es presenten per al càrrec de jutge o fiscal al seu districte o ciutat, i que la imatge que en tenen està influïda per les campanyes de promoció electoral. La conseqüència és que si un aspirant a ser elegit disposa de prou recursos econòmics per finançar la seva campanya, o té el suport de determinats *lobbies* importants en el territori, les probabilitats que guanyi els seus contrincants seran molt més elevades.

Certament, el mètode de selecció dels jutges espanyols no és precisament digne de servir com a exemple, atès que —com ja hem avançat en el preàmbul—, en síntesi, consisteix a aprovar unes oposicions que requereixen entre quatre i cinc anys de preparació intensiva, de deu a dotze hores diàries, completament basades en la capacitat memorística de l'aspirant, a qui ni tan sols se sotmet a un examen psicotècnic per tal d'avaluar si, d'afegitó al coneixement exhaustiu de les lleis, és capaç de comprendre-les i fer-ne una valoració sil·logística, clau de volta de tota decisió judicial sobre un cas real concret.

Aquest dèficit inicial explica per què massa sovint surten als mitjans de comunicació decisions judicials incomprensibles per a la majoria dels ciutadans. Segurament deuen ser resolucions legals, però no necessàriament justes i menys encara acceptades pels destinataris de la justícia, és a dir, el poble.

Hom sap que la democràcia és un sistema de govern en el qual el poder el té el poble. Són els electors els qui decideixen, per delegació, quines han de ser les persones que els representaran a l'àgora municipal, autonòmica o estatal, lloc on se sotmeten a debat i es voten totes les propostes de canvi en les lleis en vigor. Dissortadament, ja sabem que de la teoria a la pràctica hi va un bon tros, i, amb massa freqüència, els representants manllleven el poder que els han atorgat els representats i actuen en perjudici d'aquests. És la gran paradoxa de la democràcia actual, però encara no hem estat capaços d'inventar un sistema millor.

En el món judicial passa, si fa no fa, el mateix. L'article 117.1r de la Constitució diu que «la justícia emana del poble, i l'administren en nom seu els jutges, sotmesos únicament a la llei». Aquí rau la seva legitimació, malgrat que és cert que no han estat elegits en unes eleccions.

Garzón potser no va ser mai prou conscient d'aquest mandat. La meva impressió és que, lluny de limitar-se a resoldre els conflictes que li eren assignats com a titular del Jutjat Central d'Instrucció, casualment molts de gran repercussió mediàtica, considerava que calia anar un pas més enllà i aprofitar l'avinentesa per donar exemple de com calia exercir la funció jurisdiccional. Volia donar alhora una lliçó als companys de carrera i acontentar l'opinió pública.

Oblidava sovint que els ciutadans que havien de comparèixer davant seu només estaven sotmesos a la llei i no a la voluntat del jutge. Moltes de les seves resolucions són un exemple de les conviccions personals que havien marcat el seu caràcter, les seves preferències o els seus prejudicis.

Molt lluny d'aquest model personalista, la majoria dels jutges creuen que la seva funció s'ha de limitar a aplicar la llei, tant si hi estan d'acord com si no. Adopten un paper neutre davant del conflicte que els ha caigut a les mans, i procuren no exterioritzar cap signe d'empatia o rebuig amb les parts implicades. He dit sovint que no comparteixo plenament aquesta visió autista de la professió, ja que l'experiència m'ha demostrat que en moltes ocasions un conflicte té diverses solucions, totes legals, però només una és la resposta adequada. Cal, doncs, interpretar la llei per tal d'aconseguir que la seva aplicació al cas concret sigui justa.

Precisament per això, no n'hi ha prou d'aprendre les lleis de memòria. No es tracta pas que els jutges haguem de suplir les mancances del legislador, ni de bon tros envair les seves competències. El que la societat espera de nosaltres és que, sempre dins de l'àmbit de la legalitat vigent, trobem arguments jurídics i ètics que justifiquin la nostra decisió. I, si cal, que posem en coneixement del poder legislatiu que la norma aplicable és injusta i cal modificar-la, com fa poc va fer un company de la jurisdicció mercantil (José M.ª Fernández Seijo) amb els abusos generats per les hipoteques bancàries. Lluny d'escoltar-lo, el legislador espanyol i el Tribunal Constitucional van desestimar introduir-hi qualsevol canvi.

La seva valentia, quan va decidir sotmetre llavors al Tribunal de Justícia de la Unió Europea els dubtes que tenia sobre la legalitat internacional de la Llei hipotecària espanyola, ha significat un abans i un després en la interpretació de l'esmentada normativa. La sentència del 14 de març del 2013 ho ha trastocat tot. Ara, tots els jutges espanyols estan obligats a rebutjar d'ofici aquelles disposicions de dret positiu i processal que el Tribunal Internacional de Justícia ha declarat incompatibles amb el dret comunitari. I, encara més, poden analitzar les clàusules del contracte de préstec a fi i efecte d'anul·lar totes les que considerin abusives en perjudici del deutor, la part més feble de la relació bilateral.

Aquest és un exemple de com es poden canviar les coses des del més estricte respecte per la legalitat. Cal complir-la si és justa, però cal qüestionar-la si no ho és. Garzón així ho va entendre quan va fer ús de l'article 23.1r de la Llei orgànica del poder judicial per impugnar el règim d'immunitat de què gaudien els dictadors quan viatjaven fora del seu país. El general xilè Pinochet prou que ho va haver d'escoltar, i, malgrat tenir la protecció de la primera ministra del Regne Unit, Margaret Tatcher, la seva vida es va complicar molt a partir de llavors. Malauradament, per raons polítiques, el dictador no va acabar mai de seure al banc dels acusats, però la seva imatge va quedar tacada per sempre arreu del món. Retornat a Xile, no va sortir mai més de casa seva fins a la seva mort, reclòs per ordre judicial i assetjat per una multitud de processos criminals.

Aquell èxit internacional va comportar per a Garzón una fama sense límits. Allà on anava, tothom el considerava un defensor dels drets humans. No va saber pair tants elogis.

El seu fugisser pas per la política com a número dos del PSOE l'any 1993, amb la frustració de no ser designat ministre d'Interior i Justícia pel president Felipe González, va ser l'avís que arribaven temps convulsos per a la seva carrera professional i la seva imatge pública.

Continuar amb la instrucció del cas GAL, incoat per ell mateix l'any 1988, va ser un gran error. Qualsevol altre jutge s'hauria declarat afectat en la seva imparcialitat per una causa legal d'abstenció, com sens dubte era haver tingut un alt càrrec en el Ministeri, atès que aquell sumari tenia com a objectiu esbrinar si alguns policies, com els inspectors Michel Domínguez i José Amedo, havien executat accions il·legals contra presumptes activistes d'ETA, tant dins d'Espanya com a França.

Era *vox populi* que l'aparell repressiu de l'Estat, encobert sota la clandestinitat inherent a l'existència de *fons reservats*, tenia lligams amb els esmentats agents en actiu i se sospitava que el Govern no ho ignorava pas. L'anomenat terrorisme d'Estat va centrar llavors la seva dedicació, fins al punt que només un any més tard, el febrer del 1995, va ordenar la detenció i l'ingrés a presó del secretari d'Estat d'Interior (Rafael Vera). Pocs mesos després, el ministre (José Barrionuevo) seguia el mateix camí, ambdós acusats d'encobrir i finançar els GAL.

La controvèrsia estava servida. Per a uns Garzón era —una vegada més— un jutge valent que no s'aturava davant de cap repte, fos quin fos el delicte perseguit i les persones que hi estaven presumptament implicades. Per a d'altres, les seves decisions en el cas GAL estaven directament induïdes per l'afany personal de venjança contra el partit que havia frustrat les seves expectatives d'arribar al cim de la política.

Res és pitjor per a la imatge que necessita el funcionament normal de la justícia que veure's arrossegada a permanents debats en els mitjans de comunicació, amb divisió de l'opinió pública sobre si el jutge més famós del país era un heroi o un traïdor.

Quan poc després José Maria Aznar va guanyar les eleccions del 1996, Garzón va tancar el sumari i el va enviar al Tribunal Suprem, tot argumentant que considerava que hi havia indicis suficients per imputar també el ministre Narcís Serra, el diputat Txiki Benegas, i àdhuc l'expresident Felipe González, a qui va assenyalar com la X dels GAL, és a dir, el cap suprem de tota la trama.

Les hemeroteques recullen que l'Alt Tribunal va rebutjar una per una les motivacions de Garzón en relació amb aquella greu imputació criminal col·lectiva, i va ordenar que a partir de llavors la instrucció del cas la portés un altre jutge, el magistrat Eduardo Moner. Acabada la investigació, només es van jutjar Vera i Barrionuevo. L'any 1998 van ser condemnats a deu anys de presó i, uns quants mesos més tard, el Govern del Partit Popular els va indultar. Aquell dia, fonts properes a Garzón diuen que va decidir que els seus enemics eren el PSOE i el PP, sense cap mena de distinció ideològica.

Els fets posteriors demostren que aquesta animadversió va ser recíproca i que l'etapa dels cops de palmell a l'esquena que el món polític espanyol sovint donava a Garzón ja no tornaria. Han hagut de passar deu anys fins que el joc d'escacs s'ha decidit i la venjança s'ha fet realitat. Ja va dir Ciceró que «la venjança se serveix freda». Tot té el seu moment.

En l'endemig, des de l'any 2002 fins al 2009, Baltasar Garzón va viure una etapa força més tranquil·la i agradable. Primer un grup d'entitats llatinoamericanes i més tard la fundació Saramago van proposar la seva candidatura per al premi Nobel de la pau. No cal dir que tampoc no va aconseguir aquest preuat guardó.

No tinc, però, cap dubte, que el disgust més gran se'l va endur quan, el mes de gener del 2010, el Tribunal Europeu de Drets Humans va dictar sentència en el recurs d'empara interposat per Vera i Barrionuevo. Malgrat desestimar la petició de nul·litat del judici i la condemna dictada pel Tribunal Suprem, el Tribunal Europeu de Drets Humans va declarar que durant la fase d'instrucció del procediment no s'havia respectat el dret a un jutge imparcial, atès que Garzón tenia una enemistat pública i manifesta amb els acusats, raó per la qual s'hauria d'haver abstingut de continuar amb el cas una vegada va abandonar el seu càrrec al Ministeri d'Interior.

Per a aquell qui, sempre ho ha reconegut, la màxima il·lusió professional era arribar a ser membre del Tribunal Europeu de Drets Humans, que aquest mateix tribunal li digués que havia vulnerat de forma greu l'article 6.1r del Conveni Europeu de Drets Humans, per manca d'imparcialitat objectiva, era un dels cops més dolorosos que podia patir.

Aquell mateix any, va començar el seu particular viacrucis fins a portar-lo al calvari, on seria jutjat, condemnat i executat.

Hi ha molta gent que no sap que els judicis penals són públics i que qualsevol ciutadà hi té accés lliure. Sovint, quan ho comento i animo els ciutadans a venir a veure'n algun per tal de comprovar directament i personalment com s'administra justícia, lluny dels estereotips difosos per les sèries de televisió o les pel·lícules de cinema, se sorprenen.

Aquesta publicitat és inherent al deure de transparència que ha de tenir tot servei públic on es ventilen conflictes que afecten drets fonamentals. Més llum i taquígrafs és el que falta al nostre sistema judicial. No tinc cap dubte que, si així fos, moltes de les inèrcies i actituds actuals acabarien desapareixent, en benefici de la societat.

I una conseqüència inseparable d'això és l'obligació que totes les resolucions judicials siguin motivades, és a dir, expliquin per què s'ha arribat a aquell veredicte. És l'única manera de fer possible el control democràtic de les decisions que adoptem i del treball de les persones que les dictem. Una vegada més, escau recordar que independència no és igual a arbitrarietat.

Però aquesta publicitat necessària massa vegades es converteix en un teatre on els personatges no tenen cap possibilitat d'intervenir. Els judicis paral·lels que determinats mitjans de comunicació no paren de dur a terme, amb menyspreu absolut del principi constitucional de presumpció d'innocència, en són un clar exemple. La retransmissió d'un judici real i la simulació d'un programa teleporqueria, on es dóna protagonisme als familiars dels botxins i les víctimes, no hi tenen res a veure.

I en el cas del judici a Garzón, aquesta mediatització informativa també va existir, sens dubte buscada a propòsit per aquells que ja havien decidit acabar amb ell.

Va passar força desapercebut que, segons el calendari d'assenyalaments del Tribunal Suprem, la vista oral del cas de les fosses franquistes havia de ser el primer dels tres processos seguits contra el jutge Garzón. Aquest fet preocupava —i molt— alguns magistrats del Tribunal Suprem i del Govern, conscients que la repercussió internacional d'una possible condemna hauria estat immensa.

Per això, el tribunal va ordenar accelerar al màxim la preparació del judici contra Garzón per les escoltes il·legals dels imputats en el cas Gürtel. Aquí només hi havia en joc una decisió sobre els límits del dret de defensa, mentre que en l'altre cas es posava en qüestió el deure d'investigar els crims de la postguerra i, per tant, també la validesa o no de la Llei d'amnistia. Hi havia massa coses en joc.

La jugada processal va ser perfecta. Amb l'excusa que el mateix Baltasar Garzón havia presentat un incident de recusació contra alguns dels membres del Tribunal Suprem designats per jutjar-lo en el cas de la memòria històrica, es va anar endarrerint la celebració del judici fins que el segon sumari va estar preparat per convocar també la vista oral. Ambdós assenyalaments van estar separats només per unes quantes setmanes, i el primer va ser el que menys perills de crítica social podia generar. Ja condemnat per les escoltes il·legals i desprestigiat com a jutge garantista, la posterior absolució en el procés de la memòria històrica era irrellevant. Tot i això, el Tribunal Suprem no es va estalviar greus qualificatius jurídics contra l'acusat i va posar en dubte la seva competència professional.

Tampoc no s'ha fet prou ressò públic d'una incidència d'última hora protagonitzada per l'Associació de Recuperació de la Memòria Històrica (ARMH), que agrupava moltes de les entitats querellants en el primer dels esmentats processos.

Conscients del desig de la cúpula judicial de fer minvar el relleu del judici sobre les fosses franquistes, i abans que es fes pública la sentència condemnatòria del cas Gürtel, van demanar autorització per retransmetre en directe tota la vista oral, a l'empara d'una sentència del Tribunal Constitucional dictada l'any 2005, on es fixava el criteri que, en cas que hi hagués un interès general per a la ciutadania, la normativa reguladora de la presència dels mitjans de comunicació en els judicis penals havia de ser interpretada en clau expansiva, és a dir, que les càmeres de televisió podien estar presents i retransmetre en directe igual com els periodistes de premsa escrita podien romandre dins la Sala durant tot el plenari.

El Consell General del Poder Judicial va delegar en el president del Tribunal Suprem la decisió final, i aquest, d'acord amb una majoria dels membres del tribunal, va denegar la petició, llevat del fet de poder gravar moments puntuals d'alguna de les sessions.

En la majoria de països del nostre entorn europeu, a diferència del que succeeix als Estats Units, no és permès televisar judicis.

Alemanya, França i Anglaterra ho tenen expressament prohibit. A Itàlia i Portugal és excepcional.

A l'Estat espanyol no era la primera vegada que es discutia sobre el tema. L'any 1988 es va celebrar el judici per la desaparició de Santiago Corella, alies *El Nani*, detingut l'any 1983 per la policia i del qual no se n'havia sabut res més. Oficialment, s'havia fet escàpol durant el trasllat des de la comissaria fins al centre penitenciari. Un comissari i dos inspectors del Cos Nacional de Policia estaven acusats del seu assassinat i enterrament clandestí. El judici va ser retransmès íntegrament per TVE.

No va ser fins a l'any 2007 que es va tornar a plantejar aquesta possibilitat, amb el judici més important i llarg de la història criminal espanyola. Va ser per l'atemptat terrorista de l'11 M, que va provocar la mort de 190 civils i milers de ferits greus. Els 29 presumptes autors estaven acusats de pertànyer a un grup integrista islàmic lligat a Al-Qaida. La vista oral va durar quatre mesos i es va poder veure tant per televisió com per Internet.

Hom diu que el mateix Baltasar Garzón va manifestar el seu desig de no ser jutjat a la vista de milions de ciutadans espanyols i d'arreu del món. N'hi ha, però, que afirmen tot el contrari i estan convençuts que es va enfonsar quan se li va comunicar la decisió denegatòria del tribunal. Potser llavors es va adonar que tot estava perdut. Només ell ens podria donar la resposta verídica.

Del que no hi ha dubte és que, malgrat ser el jutge mediàtic per excel·lència, la fi de la seva carrera no va estar envoltada del messianisme èpic que li hauria agradat.

Atès que el recurs d'empara que va presentar davant del Tribunal Constitucional contra la sentència que l'expulsava de la judicatura no té efectes suspensius, la seva trajectòria vital s'ha allunyat força d'Espanya. Vist que tampoc no podia continuar exercint tasques d'assessorament a la Fiscalia del Tribunal Penal Internacional, on l'havia cridat el seu amic O'Campo, jutge xilè, va acceptar exercir les funcions d'assessor jurídic de les cambres parlamentàries d'Argentina i Colòmbia, lloc de treball on encara roman.

El destí no està escrit i, per tant, no sabem com acabarà tot plegat quan el Tribunal Constitucional decideixi si estima o denega el recurs d'empara en tràmit. El que sí que és segur és que, sigui quina sigui la seva decisió, el cas anirà després al Tribunal d'Estrasburg (Tribunal Europeu de Drets Humans), que és el que té l'última paraula en matèria de garanties i drets fonamentals, com correspon a un judici just. Res serà, però, com abans.

No sé si el pecat capital de supèrbia hauria de ser només venial; no hi entenc gaire en afers religiosos. Però sembla que en aquest cas la pena i les penitències imposades han estat desproporcionades.

Tanmateix, lluny de buscar una jubilació més o menys discreta, Baltasar Garzón ens va sorprendre una vegada més quan el mes de juliol va aparèixer en una roda de premsa a Londres i va fer pública la notícia que havia acceptat ser l'advocat defensor de Julian Assange, fundador de Wikileaks, la xarxa de difusió d'informes reservats dels serveis secrets nord-americans.

Com en un serial d'intriga, l'evolució de la situació actual és imprevisible, ja que cal no oblidar que l'arrest del senyor Assange a les oficines consulars d'Equador al Regne Unit està motivat per una decisió de la Supreme Court anglesa emesa en resposta a una petició d'extradició cursada per un tribunal de Suècia, on se segueix una causa criminal contra ell per dos presumptes delictes de violació i abusos sexuals.

En fi, una barreja de novel·la d'espies amb uns grams de morbositat sexual i conspiracions indemostrables.

S'estigui a favor o en contra del nostre home, mal final per a qui havia brillat en el firmament com una estrella que semblava incombustible.

La supèrbia, pecat venial o capital segons el color subjectiu i personal del vidre a través del qual tots ens mirem els defectes dels altres, oblidant massa sovint els propis, va enfonsar el jutge més famós que mai han vist els ulls hispànics.

II. La peresa

> Que trista que es fa la llarga espera,
> perquè els dies se'n van sense pressa
> i les hores no volen fugir,
> perquè esperes, esperes i esperes,
> i vols demà però encara és ahir,
> es fa llarg, es fa llarg esperar.
>
> Pau Riba

El magistrat de la Sala Penal de l'Audiència Nacional, Javier Gómez Bermúdez, famós per haver presidit el tribunal que va jutjar i condemnar els responsables dels gravíssims atemptats terroristes de l'11 M, duts a terme per dues cèl·lules islàmiques radicals amb el resultat letal més elevat de la història de l'Estat espanyol, va dir en una conferència a Madrid l'any 2009 que la justícia era poc eficaç —entre altres motius— perquè alguns jutges i fiscals treballaven poc menys de cinc hores al dia i, d'afegitó, ho feien amb una lentitud exasperant.

No és freqüent que estigui d'acord amb aquest col·lega, ja que les seves tesis en matèria de política criminal, camp en el qual tots dos treballem cada dia, no coincideixen gaire amb les meves. Però en aquella ocasió no vaig poder sinó somriure i aplaudir la seva sinceritat.

Ara bé, he d'aclarir que aquesta queixa no es pot fer extensiva a tots els jutges, sinó només a una part del col·lectiu. Em consta que la majoria dediquen entre vuit i deu hores cada dia a la funció jurisdiccional, si bé hi ha el costum —que caldria eradicar— de treballar a la tarda al despatx del domicili particular i no al jutjat. Si volem ser equitatius, no fem pagar justos per pecadors posant tothom al mateix sac.

Els jutges, com qualsevol altre servei públic amb oficines obertes a la ciutadania, tenim un horari de treball reglamentàriament establert. La Llei orgànica del poder judicial i el Reglament de juny del 2011 que la desplega fixen les 9 h del matí per a l'inici de la jornada de tot el personal, des del jutge fins als auxiliars administratius, i les 15 h de la tarda com a hora de sortida de la feina. És a dir, sis hores diàries de dilluns a divendres. En total, trenta hores setmanals. L'atenció al públic va de les 10 h a les 14 h, atès que la primera i l'última hores de la jornada es dediquen a tramitació interna dels expedients.

Tanmateix, com ja he avançat, qualsevol persona que conegui a fons el funcionament de l'Administració de justícia, sap que, a banda d'aquest horari, els jutges i fiscals estem obligats a dedicar una part aleatòria del nostre temps a estudiar els casos, el que en l'argot jurídic s'anomenen *causes*, i també a redactar les resolucions interlocutòries —de tràmit processal— o sentències.

En síntesi, doncs, el temps de dedicació real a la feina acostuma a ser d'unes trenta-cinc a quaranta hores a la setmana, en funció de la càrrega de treball de cada jutjat i la jurisdicció.

Les estadístiques ens indiquen que els jutjats socials i contenciosos administratius són els que tenen l'índex d'assumptes més elevat, si bé la seva complexitat processal també és habitualment menys feixuga que en l'àmbit civil o penal. El problema rau en aquells companys que hi dediquen menys temps i provoquen un retard acumulatiu en el seu jutjat, sense que el Servei d'Inspecció del Consell General del Poder Judicial adopti cap mesura de reforç o disciplinària.

La qüestió nuclear que cal debatre és, per tant, si amb aquesta dedicació a les funcions jurisdiccionals n'hi ha prou, o, ans al contrari, caldria que treballéssim més hores, la qual cosa significaria un greuge comparatiu amb la resta de treballadors i, en especial, dins l'Administració pública. Per no esmentar que els professionals de la justícia també tenim dret a la conciliació entre la nostra jornada laboral i la dedicació a les responsabilitats familiars, que —cal insistir— han de ser compartides per la parella, sense distinció de gènere.

Si tenim en compte únicament les dades de litigiositat anyal que publica el Consell General del Poder Judicial i el volum de procediments que pateixen endarreriments inadmissibles, no cal dubtar gaire a l'hora de contestar que, si volem resoldre aquest greu col·lapse acumulatiu, no s'ha de treballar pas més hores, sinó que s'han de crear més places judicials. I, alhora, exigir responsabilitats als qui no compleixin.

Al meu modest entendre, però, aquesta resposta no és suficient. El que cal de manera urgent per millorar de forma substancial el funcionament de la justícia és una triple decisió simultània:

1. En primer lloc, exigir que els poc menys de 6.000 jutges en actiu que exercim a l'Estat espanyol no sols complim realment l'horari que abans he esmentat, sinó que treballem amb més eficàcia durant les hores de presència al jutjat.

2. En segon lloc, augmentar la planta judicial al nivell de proporcionalitat mitjana de la UE, és a dir, dels actuals 9,5% jutges per cada 100.000 habitants al 14%, la qual cosa significaria contractar uns 1.500 experts en dret més dels que som.

3. Finalment, modificar dràsticament els procediments, a fi i efecte d'agilitar-ne la tramitació, sense minva de les garanties processals, amb l'objectiu de superar l'anacrònic sistema actual de tràmits innecessaris, recursos abusius i dilacions injustificades.

Com el lector ja s'haurà adonat, només la segona proposta costa diners i pot ser difícil d'implementar en uns temps de crisi econòmica com els que estem patint. Però les altres dues són prou fàcils de portar-les a la pràctica, només és qüestió de voluntat dels responsables: els mateixos jutges quant a la dedicació efectiva, i els polítics quant a les reformes processals.

Malauradament, ni els primers ni els segons estem fent els deures, raó per la qual casos prou coneguts com el del saqueig i estafa del Palau de la Música-Millet (a Catalunya), el de la corrupció política i empresarial Gürtel (a Madrid i València), el dels expedients de regulació d'ocupació falsos (a Andalusia), el de desviament de fons públics amb presumpte enriquiment il·lícit d'una part de la família reial a través de l'Institut Nóos (a Palma de Mallorca), i tants d'altres, continuaran seguint el seu camí amb una lentitud inadmissible.

Un exemple clar d'aquesta xacra n'era fins fa poc l'enfonsament del vaixell *Prestige* a les costes de Galícia. Després d'onze anys, per fi el tribunal gallec va dictar sentència el mes de novembre del 2013, però el desencís va ser majúscul, atès que era absolutòria per a tots els processats. Segons l'Audiència de La Corunya, ni el capità ni els responsables de la seguretat marítima espanyola van tenir cap culpa en l'abocament de milers de tones de petroli al mar. Ara resulta que la famosa *marea negra* va ser fruit de la mala sort, i que no s'han pogut esbrinar les causes que la van provocar.

Quina tristor provoca veure que ha calgut una dècada d'investigació judicial per arribar a una conclusió tan incomprensible i absurda!! Encara està pendent el recurs de cassació davant del Tribunal Suprem, però molt em temo que aquest disbarat ja no hi ha qui l'arregli.

Comprenc perfectament que la societat manifesti sovint la seva indignació i faci extensiva la queixa a tots els representants polítics i judicials, sense distinció. Jo també sento la mateixa ràbia i la mateixa impotència.

Però seria injust posar, una vegada més, a tothom en el punt de mira abans de disparar la nostra crítica. L'experiència professional em demostra cada dia que, afortunadament, són molts els polítics i els jutges que dediquen tot el seu temps i esforç a millorar les coses. Però, simplement, no poden, llevat d'introduir petits canvis en l'estructura funcional del seu àmbit de treball i demostrar amb el seu exemple personal que tot és qüestió de voler assumir la responsabilitat del càrrec que ocupen. Aptitud i actitud han d'anar de la mà.

I, en el camp de l'Administració de justícia, puc garantir q
són molts els funcionaris que copsen perfectament que el seu ca
és una persona honesta i treballadora, raó per la qual també canvien
les inèrcies burocràtiques que des del segle passat llasten l'àgil tramitació dels procediments. Si un administratiu veu que el jutge és responsable i treballador, ell també ho serà. L'efecte contagi és immediat. Malauradament, quan és al contrari, un jutge mandrós i lent, el personal de suport també segueix fàcilment la mateixa dinàmica.

És clar que sempre pot anar pitjor!

El laberint de Kafka en el cas Millet

Les muntanyes de papers amb sumaris de milers de folis, l'acumulació vertical d'expedients sobre les taules del personal administratiu, del secretari i la secretària i del jutge, les cadires buides per malaltia (real o abusiva) d'una part del personal auxiliar, l'absentisme laboral amb un compliment deficitari de l'horari de feina, o la minsa implantació de les noves tecnologies en les oficines judicials, són un reflex prou inequívoc d'un servei públic que no funciona com caldria. I em temo que això només és la punta de l'iceberg.

Ja diu la terminologia popular que una imatge val més que mil paraules. Entreu a qualsevol jutjat i fixeu-vos-hi bé. Aneu, però, amb compte, no us caigui als peus un sumari de 4.000 folis en equilibri inestable damunt alguna de les taules!

Potser el lector no sap que la paraula jurídica *procés* ve del llatí *procedere,* que significa *avançar*. Integra un concepte dinàmic consistent en una cadena causal de tràmits que ha d'acabar produint efectes jurídics irreversibles. Només els jutges podem fer que aquest viatge sigui etern o ràpid. I no cal dir, si em permeten la metàfora, que la conducció es fa per una carretera plena de corbes, amb tot de paranys que les parts comparegudes ens posen per tal que el vehicle tingui un accident i s'estimbi.

Per això és tan important que cada jutge, individualment, es prengui la seva feina amb la màxima responsabilitat i dedicació, ja que el més fàcil és deixar-se anar per les inèrcies burocràtiques i obstructives que contínuament alenteixen el procediment, fruit d'unes normes processals pròpies del segle XIX.

Per analitzar a fons la situació vigent i les solucions possibles, com en el capítol anterior, centrarem aquest pecat capital de peresa en un cas prou famós i actual, que malauradament encara no s'ha resolt definitivament: el desfalc del Palau de la Música de Barcelona.

És un exemple de lentitud exasperant en la tramitació, negligència inicial d'algun dels màxims responsables de la instrucció penal, i pèrdua de proves que, si no fos per la confessió parcial dels culpables, potser hauria fet molt difícil sotmetre els acusats a judici i dictar la condemna adient en dret.

Fem, però, una mica de memòria. Permeteu-me començar recordant que ja l'any 2007, i a instàncies de la Sindicatura de Comptes, el Departament d'Economia de la Generalitat va dur a terme, en compliment de les seves competències, una revisió de la documentació comptable del Palau i de l'Orfeó Català, presidits pel senyor Fèlix Millet, sense que els interventors hi trobessin cap irregularitat digna de destacar. Tanmateix, només un any més tard, l'Agència Tributària va ordenar una inspecció fiscal, atès que les dades de l'esmentada comptabilitat i les que constaven a Hisenda en els darrers cinc anys no encaixaven.

Després d'una exhaustiva recerca i nombroses visites a les oficines de l'entitat cultural, els inspectors van emetre un informe en el qual es recollien un seguit d'irregularitats susceptibles de ser qualificades de fraudulentes, raó per la qual l'Agència Tributària va enviar les actuacions a la Fiscalia del Tribunal Superior de Justícia de Catalunya i a l'Oficina Antifrau.

En compliment del deure de comprovar els indicis de delicte, els fiscals responsables de la unitat especialitzada anticorrupció van examinar tota la documentació disponible i van requerir al senyor

Montull, cap de l'àrea de finances i personal del Palau de la Música, que els lliurés un seguit de dades que consideraven rellevants i necessàries per tal d'esbrinar si s'estaven desviant fons públics. Els mesos van anar passant i els màxims responsables de l'entitat contestaven amb el menyspreu del silenci.

Fins que el dia 23 de juliol del 2009, la Fiscalia va presentar una querella criminal al Jutjat d'Instrucció núm. 30, en funcions de guàrdia, i va demanar autorització judicial per dur a terme un registre de la seu social de l'esmentada empresa pública. I diem *pública*, atès que els ingressos que garantien el normal funcionament del patronat procedien majoritàriament de la Generalitat, l'Ajuntament i el Ministeri de Cultura. En menor quantia, dels patrocinadors privats empresarials, dels abonaments anuals dels socis i de la recaptació derivada de la venda d'entrades.

Com hom pot imaginar, veure a la porta del Palau —símbol de la Catalunya més burgesa i elitista— els cotxes oficials logotipats de la unitat contra el frau dels Mossos d'Esquadra va generar un escàndol de dimensions considerables. En menys d'una hora, l'allau de periodistes i càmeres de televisió instal·lades davant la porta principal era enorme. Molts mitjans de comunicació van interrompre les seves emissions habituals per donar la notícia i quedar a l'aguait de novetats.

Ningú no podia imaginar llavors que Fèlix Millet, fill del fundador de l'Orfeó Català, un dels prohoms més distingits de la societat civil catalana i considerat un benefactor altruista de la cultura i les arts, podia tenir res a veure amb una investigació policial sobre corrupció. Tot eren rumors sense confirmar i conjectures. El dia va ser molt profitós i les hores següents molt llargues per a tothom.

En el decurs dels anys que porto treballant en l'àmbit judicial, he escoltat moltes vegades el raonament següent: «Si ets una persona important i has decidit quedar-te diners dels altres, almenys fes-ho en grans quantitats, ja que, si t'enxampen, la pena que t'imposaran els tribunals segurament serà menor que la que li posarien a un petit defraudador que no coneix ningú. I si ets prou llest per haver amagat ja el botí en un paradís fiscal a l'estranger, quan surtis de la presó —això si hi arribes a entrar— ja tindràs la vida resolta».

Sempre havia pensat que era una exageració malintencionada, però en aquests darrers anys, des de l'explosió de la bombolla immobiliària i la crisi provocada pels centenars de polítics i financers miserables que s'han enriquit amb els estalvis de tothom, em sembla que m'equivocava.

Cal reconèixer que aquest inici impactant del cas succeïa a finals de juliol, i que el mes d'agost, com tothom sap, és inhàbil, perquè els jutjats estan tancats. Els jutges i els fiscals també fem vacances, com qualsevol altre treballador.

Però qualsevol expert sap, també, que, en el cas dels jutjats d'instrucció, això no és ben bé així, ja que la Llei d'enjudiciament criminal ordena que, àdhuc durant les vacances judicials, es continuïn duent a terme totes les diligències d'investigació que siguin urgents i necessàries per tal d'obtenir les proves del delicte, especialment si es tracta de casos greus, com sens dubte era aquest. I també cal adoptar les mesures cautelars adients per tal d'evitar la destrucció de les proves de càrrec.

Tanmateix, el jutge encarregat del cas no ho va considerar així i, sense ni tan sols cridar a declarar en condició de querellats o imputats els dos principals sospitosos de la trama fraudulenta, els senyors Millet i Montull, durant el mes d'agost al jutjat no es va moure ni un paper.

No sóc jo qui ha de qualificar jurídicament o èticament aquesta conducta. Els lectors han gaudit en aquests quatre anys d'informació suficient a través dels mitjans de comunicació per tenir la seva pròpia opinió. Potser desídia, peresa, mandra o irresponsabilitat serien escaients, però —insisteixo— que siguin els ciutadans els que ho decideixin. En qualsevol cas, sempre he dit que estic completament convençut que el jutge Juli Solaz, titular del Jutjat núm. 30 en aquella època, no va rebre ni acceptar cap pressió des del món polític o econòmic per tal d'aturar o endarrerir la instrucció, i menys encara suborns per tal de no complir el seu deure. Em remeto a les hemeroteques com a font de prova dels meus pronunciaments en ràdio, premsa i televisió sobre aquesta qüestió, declaracions que vaig considerar necessàries per tal que l'opinió pública estigués degudament informada.

Que aquestes declaracions no van ser rebudes de bon grat pel jutge Solaz i alguns altres companys del gremi és evident, ja que, atès que vaig recriminar la seva lentitud en adoptar mesures que jo considerava urgents i imprescindibles, la resposta va ser una denúncia al Consell General del Poder Judicial per atemptar a la seva independència judicial i tracte ofensiu.

Afortunadament, com també és públic i notori, la Comissió Permanent del Consell General del Poder Judicial va decidir que només es tractava d'una simple falta lleu de desconsideració vers un inferior jeràrquic i la cosa va acabar amb una simple amonestació escrita. Avui en dia, segueixo considerant que tan sols vaig fer ús del meu dret fonamental a la llibertat d'opinió i crítica, tot denunciant públicament —i els fets posteriors així ho han demostrat— una negligència incomprensible en la recollida de proves i adopció de garanties cautelars per evitar la desaparició o destrucció de patrimoni per part dels presumptes culpables, única manera de poder rescabalar al final del procés els danys i els perjudicis ocasionats.

I, en aquest sentit, em permeto matisar que, ja al mes d'octubre del 2012, el nou jutge instructor encarregat del cas —Josep M. Pijoan— sí que va ordenar, tot just va prendre possessió del càrrec, una entrada amb escorcoll i decomís dels béns que el senyor Millet acumulava a la seva espectacular torre del Vallès. El resultat: centenars de quadres, milers d'euros en efectiu, nombrosos objectes d'art i documentació compromesa.

Malauradament, potser ja era massa tard, com han insinuat els perits del Museu Nacional d'Art de Catalunya on van ser dipositats els objectes, encarregats d'avaluar aquest ingent patrimoni, car sembla que no totes les peces decomissades l'any 2012 eren les originals que hi havia l'any 2009.

Justícia i lentitud

La justícia, si és lenta i arriba tard, pot ser qualsevol cosa, però ja no és justícia. Aquest axioma que s'ensenya durant el primer curs a les facultats de Dret és una veritat tan irrefutable com sovint oblidada per alguns operadors jurídics.

En el capítol anterior ja avançàvem que tampoc no és bo que sigui precipitada, atès que estan en joc els drets fonamentals de la presumpció d'innocència i l'honor dels implicats. Però el dany a la imatge pública de la justícia i a la finalitat de tot procediment judicial, que no és altre que esbrinar la veritat i fixar les responsabilitats legals, esdevé irreparable si la tramitació del cas es va retardant de tal manera que provoca una inadmissible sensació d'impunitat.

Tant de bo el cas del Palau de la Música fos només una excepció a la regla general, perquè això demostraria que en la immensa majoria de casos el sistema funciona satisfactòriament. Però, malauradament, no és així.

Cal recordar, i només referint-nos a l'àmbit territorial de Catalunya, els casos de finançament irregular d'un partit polític amb desviament de cabals públics, com van ser els denominats Turisme, Treball i Pallerols. Els delictes es van cometre entre els anys 1998 i 2000 i van ser jutjats els anys 2010 i 2012, respectivament.

És lògic que la depuració de responsabilitats pel motí penitenciari de Quatre Camins succeït l'any 2005 arribi a judici l'any 2013? Té cap sentit que fins a aquest any 2014 no s'hagi fixat la vista oral del cas que ens serveix d'exemple, el frau del Palau de la Música, en el qual compareixen com a acusats els senyors Millet i Montull, la seva filla Gemma i tota la resta de presumptes cooperadors en l'espoli de la que era la institució cultural de més prestigi arreu del nostre país?

A tots ens fa mandra fer alguna cosa que no ens agrada, sobretot si és complicada, però si l'hem de fer no serveix de res ajornar-la. Un dia o altre ens hi haurem d'enfrontar. Del que es tracta és de complir les nostres obligacions al més aviat possible, i fer-ho bé. La peresa només genera enuig i insatisfacció.

Ja ho deia Pep Guardiola. Si ens hi posem ben d'hora i treballem de valent, no hi ha ningú que ens pugui aturar. Però, hi afegeixo jo, si mirem cap a una altra banda i fem el despistat, ens estem aturant nosaltres sols.

No descobreixo res de nou si dic que els mals de la nostra justícia són greus, però no irreversibles. I l'exasperant lentitud dels procediments judicials n'és un que podem curar fàcilment. Només falta que ho vulguem fer i ens ho deixin fer.

El famós autor teatral Eugène Ionesco, en la seva obra *El nou inquilí*, ens presentava una oficina judicial tètrica, on el ciutadà anava d'una finestreta a una altra sense aconseguir que el funcionari de torn li resolgués el problema que l'havia dut fins allí. Pitjor ens ho va reflectir Franz Kafka en la seva obra mestra *El procés*, on el pobre demandant de justícia es perdia una vegada i una altra enmig de muntanyes de papers, sense trobar-hi la sortida.

«Coses del segle passat», pensarà algú. Tant de bo. Som a la segona dècada del segle XXI però molts jutjats espanyols encara ens recorden aquelles imatges surrealistes.

Què cal fer, doncs? Una de les mesures més urgents és la redacció i aprovació d'una llei de terminis processals, que fixi la durada de cada classe de procediment i en cada instància. Fa anys que la reclamem, però ni aquest ni l'anterior Congrés dels Diputats espanyol no han tingut cap interès a fer-la. Ses senyories estan ocupats amb altres coses més importants.

La justícia de qualsevol país democràtic es regeix per un principi bàsic: el dret a la segona instància. És a dir, la possibilitat que el ciutadà que no està d'acord amb una decisió judicial pugui acudir al tribunal de categoria superior per mitjà d'un recurs en el qual li demana que revisi el cas. És la millor manera d'evitar la consumació d'un hipotètic error comès pel primer jutge. Al cap i a la fi, som humans i també ens equivoquem com qualsevol altre professional. Així ho demostra l'índex estadístic de revocacions que cada any publica el Consell General del Poder Judicial, que oscil·la entre un 15 i un 17% de les sentències.

Es tracta d'una garantia irrenunciable, com recull l'article 6.1 del Conveni europeu dels drets humans, però és perfectament compatible amb el deure de resoldre el cas amb celeritat. La revisió d'una decisió judicial no és pas complexa ni necessita gaire temps, car només significa que un altre tribunal analitza de nou el cas i, sense tornar a celebrar judici oral ni practicar noves proves, llevat de casos excepcionals, es pronuncia sobre cada una de les queixes formalitzades per la part que no està d'acord amb la resolució dictada en primera instància.

En síntesi, es tractaria que —amb les excepcions motivades que calgui— els procediments tinguessin una caducitat d'un any en la primera instància i de sis mesos en la segona. Al seu torn, l'execució del que s'ha resolt ja en sentència hauria de dur-se a terme abans de sis mesos. Comptat i debatut, en el 90% dels casos no haurien de passar més de dos anys entre la incoació (inici) i l'arxivament.

Molts lectors deuen pensar que això ja existeix en la legislació vigent, on les normes processals fixen uns terminis concrets per a cada tràmit. El problema, però, és que aquests només són obligatoris per als advocats de les parts litigants, no pas per al jutge. Avui, amb la càrrega de treball que pateixen la majoria dels òrgans judicials, sobretot a comarques, els períodes de paralització indeguda del procés —setmanes, mesos i a vegades àdhuc anys— són el pa de cada dia.

Quina hauria de ser la conseqüència de l'incompliment d'aquests terminis reglats i vinculants? Prou fàcil: la responsabilitat personal del jutge, fiscal, advocat o funcionari culpable del retard. Sobre ell recauria el deure de demostrar que ha actuat amb la diligència exigible. No tinc cap dubte que tots aniríem una mica més de pressa.

Per què no es fa? Aquesta pregunta l'haurien de respondre els nostres legisladors a Madrid, però em permeto apuntar algunes hipòtesis.

- A Espanya es considera legítim endarrerir tant com es pugui la tramitació d'un procediment judicial. Les lleis permeten que els advocats presentin tota mena d'incidents i recursos contra qualsevol resolució judicial, encara que només sigui d'impuls del procés. No cal dir que, en tot plet, sempre hi ha una part a la qual no li interessa que el cas avanci massa de pressa, sobretot quan les expectatives de guanyar-lo són minses.
- El sistema processal heretat de la Castella decimonònica posa nombrosos obstacles a l'aplicació de les noves tecnologies, amb l'excusa del principi de seguretat jurídica. Avenços tan clars com el correu electrònic, les signatures digitals, la videoconferència, etc. són sistemàticament qüestionats per uns col·lectius professionals (procuradors, advocats i jutges) que no saben —o no han volgut aprendre— treballar si no és en suport paper. La por i les inèrcies burocràtiques els fan rebutjar cada proposta adreçada a millorar el temps de resposta i a simplificar els tràmits.
- La cúpula del poder judicial té, per una inevitable qüestió de cronologia biològica, una edat elevada; dels cent magistrats i magistrades que hi ha en les quatre sales del Tribunal Suprem, només disset tenen menys de seixanta anys. Això comporta inexorablement un caràcter molt conservador en la manera de treballar dels seus membres, i tot sovint deixen traspuar en les seves sentències d'unificació de jurisprudència un missatge que no ajuda gens a la modernització de la justícia. Davant la més mínima irregularitat detectada com a conseqüència de l'ús inadequat dels nous mitjans informàtics, tendeixen a anul·lar una part rellevant del procediment i a ordenar al jutjat la repetició de les proves com s'han fet *tota la vida*.
- Aquest estat de coses beneficia sempre el partit polític que té majoria en el poder legislatiu (Congrés dels Diputats) i, de retruc, en el poder executiu (Govern), atès que, lluny del que sovint afirmen demagògicament, no els convé pas que els

tribunals de justícia puguin complir de manera eficient la seva responsabilitat de control de la legalitat.

Quan el PSOE va arribar al poder en guanyar les eleccions de l'any 2004, va prometre endegar una reforma en profunditat del sistema judicial, tot començant per la modificació del mètode de selecció dels vocals del Consell General del Poder Judicial i continuant per la reforma de la Llei de planta (distribució territorial) i la desaparició dels jutges i fiscals interins (un 20%).

Llevat d'ampliar el *quorum* necessari per tal que el Ple del Consell General del Poder Judicial pogués adoptar decisions rellevants (3/5), que fins llavors es regia pel criteri de majoria simple, i amb el parany d'assolir així un consens més ampli en el si del mateix Consell, només va aconseguir una situació permanent de bloqueig. Les picabaralles internes dels vint vocals, cada un d'ells designat pel PSOE i el PP respectivament, llevat de la minoria que s'elegeix entre els representants de les mateixes associacions judicials, han fet impossible un clima de treball mínimament positiu en el decurs de tots aquests anys.

Ara que governa amb majoria absoluta el Partit Popular, s'està intentant una nova reforma que suprimeixi dràsticament el nombre de vocals fins a reduir-lo a només sis amb dedicació permanent, alhora que el Ministeri de Justícia reclama ampliar les seves competències en àmbits tan sensibles com el pressupost anual, les facultats disciplinàries, la promoció professional de la carrera i la fixació de les taxes judicials.

Tot plegat, un atac frontal contra la independència dels jutges amb l'objectiu poc dissimulat de controlar encara més les investigacions en curs relatives als múltiples casos de corrupció política i financera.

No es tracta d'un pas més en la perillosa politització de la justícia, sinó de fer inviable la veritable funció dels tribunals, que no és cap altra que la tutela efectiva dels ciutadans més febles de la nostra societat, com ens recorda l'article 24.1r de la Carta Magna.

La paradoxa és evident. Com més augmenten els litigis com a conseqüència de la prolongada situació de crisi econòmica que afecta sectors cada vegada més amplis de la ciutadania, el Govern central no tan sols no contracta més jutges, sinó que rescindeix el contracte als més de 2.100 substituts i suplents que hi havia fins ara.

Cada any es jubilen per raons d'edat uns cent jutges, als quals cal afegir-ne uns altres cinquanta que són baixa per mort o perquè han demanat una excedència, a fi i efecte de dedicar-se a l'exercici de l'advocacia, molt més ben retribuït quan hom ha assolit un determinat prestigi i una experiència en el món del dret. Tanmateix, només es convoquen oposicions per a un centenar de noves places, raó per la qual el nombre de jutjats vacants no para de créixer.

En aquest context, com ens pot estranyar que els complicats i feréstecs processos de corrupció avancin a pas de tortuga o cargol?

Afers a ritme de tortuga: casos paradigmàtics

El lector em permetrà un breu repàs dels casos més flagrants:

1. El cas del presumpte delicte contra la Hisenda pública que afecta el senyor Fabra, expresident de la Diputació de Castelló. Estava ancorat al jutjat de Nules des de feia deu anys, i hi havien passat sis jutges d'instrucció diferents i quatre fiscals. Finalment, el 25 de novembre del 2013 l'Audiència de Castelló va dictar sentència i el va condemnar a quatre anys de presó i una multa de dos milions d'euros, així com a retornar a Hisenda gairebé 700.000 euros defraudats en la seva declaració de renda. A l'hora de tancar aquest llibre encara no havia ingressat a presó per complir la condemna, i el que és més greu, el seu advocat defensor ja ha dit que, si el Tribunal Suprem la confirma, demanarà al Govern del PP —el seu partit— que l'indulti.

2. El cas Millet/Palau de la Música porta ja gairebé cinc anys de tramitació, malgrat que els dos principals imputats van confessar la seva culpabilitat el mes d'octubre del 2009, en una tàctica defensiva molt ben planificada pel seu advocat, dirigida a evitar l'empresonament preventiu i a fer possible la desaparició de moltes proves de càrrec, així com una part important del patrimoni dels presumptes culpables. El judici oral és previst per a mitjan d'aquest any 2014.

3. La investigació de la malversació de diners públics i apropiació indeguda que encara s'està duent a terme entorn de la família reial espanyola, amb un paper principal a càrrec del senyor Urdangarin i secundari de la infanta Cristina. Malgrat els esforços del jutge instructor José Castro, els entrebancs que li posen la Fiscalia Anticorrupció i els advocats de les parts provoca endarreriments constants i han impedit —fins ara— asseure al banc dels acusats tots els imputats. Encara sort que el 30 de novembre del 2013 l'Audiència de Mallorca va confirmar el processament del senyor García Revenga, secretari particular de la família reial, que va fer de tresorer de l'Institut Nóos.

4. Els processos relacionats amb el presumpte finançament irregular del Partit Popular, coneguts amb els noms Gürtel i Bárcenas, en què, malgrat l'acurada dedicació del jutge Pablo Ruz, encara no hi ha cap processat entre els nombrosos alts càrrecs polítics, empresarials i financers que han estat citats a declarar. Fins i tot, el jutge ha hagut d'ordenar una entrada i escorcoll a la seu del Partit Popular, atesa la minsa col·laboració fins llavors prestada (21 de desembre del 2013), un escàndol —amb destrucció del disc dur de l'ordinador del senyor Bárcenas inclosa— que ni tan sols ha fet dimitir els màxims gestors del partit o del govern conservador.

5. Les diligències obertes a Andalusia sobre el desviament de fons públics relacionat amb múltiples expedients de regulació d'ocu-

pació aprovats per la Junta, sota domini del PSOE, que afecta consellers i directors generals del Govern autonòmic, i que encara avui dia —sis anys després de l'inici de la investigació— no ha arribat a judici.

6. El cas Pretòria, que tanta expectació va aixecar al seu dia quan els mitjans de comunicació, prèviament i oportunament avisats per una filtració, ens van ensenyar el mes de novembre del 2009 les colpidores imatges dels detinguts senyors Lluís Prenafeta i Macià Alavedra, exconsellers de la Generalitat, entrant a l'Audiència Nacional emmanillats i aguantant-se els pantalons amb una mà, mentre amb l'altra portaven una bossa d'escombraries amb les seves pertinences. Han transcorregut ja quasi quatre anys i encara és l'hora que la Fiscalia presenti acusació formal contra els sis imputats que encara estan encausats; sense esmentar els altres nou que han vist com el castell de cartes que el jutge Garzón havia aixecat contra ells s'anava esfondrant i respecte dels quals s'ha decretat ja l'arxivament del procés.

7. El cas Matas, exministre de Medi Ambient i president de la Comunitat Autònoma de les Illes Balears, el qual l'any 2007 va ser imputat per frau junt amb altres alts càrrecs del seu mateix Govern i del partit Unió Mallorquina, dirigit per Maria Antònia Munar. Dels quatre processos que es van obrir, només dos han estat ja jutjats i sentenciats, amb condemna a penes de presó força elevades, que, tanmateix, encara no s'han començat a complir perquè el senyor Matas ha demanat l'indult al Consell de Ministres.

8. Els casos anomenats Turisme, Treball i Pallerols, que han implicat alts dirigents del partit polític Unió Democràtica de Catalunya per desviament de fons públics. La investigació va començar l'any 2001 i fins al 2010 no hi va haver la primera condemna. L'última es va dictar a mitjan 2013, però el pitjor és que, malgrat ser fermes i executives, el Govern espanyol ha decidit indultar

tots els condemnats, bo i al·legant que ha passat ja molt de temps i no constitueixen un perill social.

Aquesta llista seria interminable i només faria que reblar la sensació d'impunitat que molts ciutadans tenen quan els culpables són gent del món polític o financer.

Com podem dir els jutges a l'opinió pública que la llei és igual per a tothom? Algú coneix un amic o familiar a qui la justícia hagi tractat d'aquesta manera tan benèvola?

No ens enganyem pas. La tàctica dels qui tenen el poder fàctic real és prou simple. Anar guanyant temps (qui dia passa any empeny) i confiar que els processos s'acabin arxivant per prescripció dels delictes, o que, amb una mica de sort, canviïn el jutge o la jutgessa encarregats del cas i se n'ocupi algú més *comprensiu*, o, fins i tot, que les proves de caràcter incriminatori es perdin dins del munt de milers de folis que acumulen aquests sumaris.

La lentitud del cas Palau

Tornem, però, al cas del Palau de la Música Catalana, perquè el seu itinerari vital encara ens reserva moltes sorpreses.

El lector recordarà que ens havíem quedat al mes de setembre del 2009, moment en què el jutge instructor, malgrat la confessió parcial de culpabilitat dels dos principals querellats, ni tan sols va considerar necessari citar-los al jutjat per tal de declarar en qualitat d'imputats.

Arribats a aquest punt, és públic i notori que, en una decisió completament infreqüent, la qui llavors era fiscal en cap de Catalunya, la senyora Teresa Compte, acompanyada dels tres fiscals adscrits al Servei Anticorrupció designats per investigar aquest cas, va convocar una roda de premsa amb l'objectiu d'explicar a l'opinió pública què estava passant. Aquesta és una funció que la llei assigna a la Fiscalia, atès que és l'organisme encarregat de vetllar per l'interès general, i que potser seria convenient que es dugués a terme més sovint.

Als països anglosaxons, és força habitual que la Fiscalia convoqui els mitjans de comunicació per tal d'informar sobre casos que han provocat alarma social. Es considera un deure dels fiscals de districte tenir al corrent els ciutadans sobre el curs d'aquesta mena de processos, i sotmetre's a les preguntes que els periodistes considerin oportunes.

Malauradament, a Espanya no funciona així, tot i que la llei és molt clara en el sentit que la Fiscalia està al servei de la societat. Aquella ocasió va ser excepcional, i no s'ha tornat a repetir.

L'endemà, tots els diaris, les televisions i les ràdios es feien ressò que el fiscal havia presentat un recurs davant l'Audiència contra la decisió del jutge instructor de no convocar urgentment a declarar davant seu els querellats. L'efecte va ser immediat. Aquella mateixa setmana, rectificant el seu anterior pronunciament, Juli Solaz va citar els senyors Millet i Montull per al dia 9 d'octubre.

Considero trist constatar que, a vegades, la resposta judicial depèn de la pressió que la premsa pot arribar a fer. La feina ben feta no ha de romandre sotmesa mai a aquests condicionants extrajurídics.

En qualsevol cas, per fi la lenta maquinària de la justícia semblava que es posava en marxa, i ja se sap que, una vegada agafa velocitat de creuer, ningú no pot aturar-la.

Però, no, malgrat que la Fiscalia va demanar —una vegada fet l'interrogatori dels querellats— que s'adoptessin mesures cautelars, com la presó preventiva dels imputats confessos, la intervenció de la gestió administrativa del Palau de la Música i l'entrada amb escorcoll del domicili dels dos imputats, el jutge instructor tampoc no va considerar necessàries cap d'aquelles precaucions.

No cal dir que com a jutge sempre he defensat el principi d'intervenció mínima del dret penal i, per tant, defenso públicament que abans d'ordenar una intromissió en l'àmbit privat de les persones, o restringir el seu dret fonamental a la llibertat, cal valorar acuradament i amb prudència l'abast d'aquestes mesures personals.

Però hi ha moments en què qui té la responsabilitat de decidir no pot romandre indecís durant dies i setmanes. Encara que sigui a risc d'equivocar-nos, si la investigació requereix aquestes mesures urgents per tal d'evitar la destrucció de proves, la Llei d'enjudiciament criminal no tan sols autoritza explícitament el jutge i el fiscal a fer aquest pas, sinó que àdhuc ens hi obliga.

Avui sabem, fruit del resultat de la inspecció duta a terme pel Servei de Recaptació Tributària, que, des de l'any 2005 fins a l'any 2009, el senyor Millet havia barrejat la seva economia familiar amb la de la institució que dirigia, fins al punt que cada mes ordenava a la seva secretària personal que fes reintegraments en efectiu per un import de 50.000 euros, suma que repartia patriarcalment entre la seva dona, les dues filles i el personal domèstic, inclòs naturalment el jardiner, que amb tanta dedicació tenia cura de l'extens jardí de la seva torre a l'Ametlla del Vallès.

I coneixem també que, en el decurs dels mesos següents a l'esmentada declaració al jutjat, on els dos implicats principals van tenir la dignitat d'aportar una confessió escrita i van reconèixer —encara que només una part— la defraudació de diners públics consumada, lluny de penedir-se'n com inicialment podia semblar, van dur a terme una descapitalització progressiva del seu patrimoni.

Podrà dir-se, amb raó, que no es va tractar pas d'una conducta delictiva, atès que el jutge no havia decretat encara —en un exemple més d'eficiència— l'embargament de tots els seus béns. Però aquest nou retard en l'adopció de mesures preventives de cap manera pot justificar un comportament que, si bé no és tributari de persecució penal, sí que mereix la màxima reprovació ètica.

Tot plegat prou estrany, o, si més no, demostratiu que sovint la justícia no actua amb la mateixa celeritat quan es tracta de persones amb molt de poder dins de la nostra societat.

No en va, en el llibre titulat *L'oasi català*, els escriptors Pere Cullell i Andreu Farràs van fer una exhaustiva descripció de la burgesia catalana que durant tot el segle xx havia dirigit la vida econòmica del país. Xifren en 400 el nombre de famílies que integren aquesta privilegiada classe elitista. I, entre aquestes famílies, destaca el clan Millet.

Del seu pedagògic contingut, destaca que una de les coses que tenen en comú totes és l'extens patrimoni immobiliari de què disposen tant a la capital de Catalunya com en diverses poblacions ubicades a la costa i a la muntanya.

I, en efecte, la llista del patrimoni del senyor Millet que consta registrada al jutjat és un exemple que podríem fer extensible a l'esmentada classe social:

- Un pis de 267 metres quadrats a l'Eixample barceloní, amb sis habitacions i tres banys.
- Un pis al carrer Major de Sarrià de 150 metres quadrats, amb tres places d'aparcament.
- Un xalet a la Vall d'Aran amb 5 hectàrees de terreny.
- Un apartament a la Vila Olímpica de Barcelona, amb amarrador privat per al seu vaixell.
- Tres propietats rústiques a l'illa de Menorca i una finca d'estiueig a Cala Fornells.

Com ens podem fàcilment imaginar, es tracta de segones o terceres residències, atès que el domicili habitual ja hem dit que era la torre de l'Ametlla del Vallès.

El lector de ben segur es preguntarà per què necessiten tants domicilis aquesta gent, si hom no pot dormir més que en una casa alhora. I poc que es tracta de canviar cada dia de lloc, oi?

Ja ho diu la cultura popular: «Qui té poc en vol més; i qui té molt, mai no en té prou».

I, òbviament, a aquest ingent patrimoni immobiliari cal afegir les nombroses inversions financeres (accions, participacions, fons de pensió, etc.) en diverses entitats bancàries, l'import de les quals encara no s'ha pogut determinar amb exactitud atesa la poca col·laboració dels dirigents d'aquestes institucions privades, sempre tan geloses del secret professional quan afecta determinades personalitats amb les quals tenen vincles d'amistat o interessos compartits.

Però no hi ha mal que cent anys duri! El canvi de jutge instructor, dut a terme l'any 2011, va representar —ja era hora— un fort impuls a la investigació.

Les diligències practicades van permetre descobrir quelcom que fins a aquell moment només eren simples sospites, com la connexió entre el desviament de fons del Palau de la Música i les obres públiques atorgades a la constructora Ferrovial i d'altres, amb la imprescindible cooperació d'alts càrrecs de l'Administració de la Generalitat i l'Ajuntament de Barcelona.

Quan s'ha preguntat al senyor Millet per aquestes connexions sempre s'ha acollit al seu dret a guardar silenci. Col·loquialment, sempre s'ha dit que «qui calla atorga», però en l'àmbit legal qui calla simplement no diu res. I qui no diu res té les espatlles ben cobertes, ja que en el moment en què es decideixi a explicar tot el que sap, caurien tants caps importants que la seguretat futura o àdhuc la vida del delator que ha trencat la llei no escrita de l'*omertà* no estaria garantida enlloc.

Tàctiques dilatòries

Voldria fer esment, si el lector m'ho permet, d'una tàctica dilatòria que tot sovint fan servir determinats advocats defensors d'aquesta classe d'imputats: el control del temps.

Fixeu-vos que, en molts d'aquests assumptes, les persones acusades de cometre delictes defraudatoris a gran escala són gent amb una certa edat. Probablement, això és conseqüència del fet objectiu que, per poder manllevar molts diners d'altri, siguin públics o privats, s'ha de gaudir d'una posició de domini i confiança. I aquesta no s'aconsegueix sense una pacient i lenta labor perfectament planificada, consistent a anar pujant graons de comandament en la institució que es busca controlar.

Gent com l'expresident Camps a la Comunitat Valenciana o el ministre Jaume Matas a les Illes Balears, i sens dubte també el senyor Millet, van anar assolint una situació de privilegi en llurs respectius llocs professionals de treball. Quan van arribar a la cúspide, va ser el moment d'apostar fort per l'objectiu que des d'un bon principi guiava la seva dedicació.

Diuen les males llengües —jo no li he escoltat pas dir-ho i, per tant, no ho puc afirmar— que l'exministre senyor Zaplana va tenir la sinceritat, i alhora el mal gust, de dir públicament que [*sic*] «ell s'havia ficat en política per forrar-se». Ara ja està apartat del món polític de primera fila, i gaudeix d'un confortable lloc de treball com a assessor en no sé quants consells d'administració d'empreses a les quals va afavorir mentre ocupava càrrecs públics. No sé si va fer realitat el seu somni, però sembla que no li ha anat gens malament.

Bé, doncs, tornant a l'edat avançada dels acusats per aquesta mena de delictes, cal que ens adonem d'una estratègia processal força intel·ligent que, sota l'hàbil consell dels seus advocats, segueixen molts d'ells.

Es tracta d'anar ajornant tant com puguin la normal tramitació del procés; ara demanant la suspensió d'una declaració perquè no es troben gaire bé de salut, ja se sap, l'edat no ajuda; ara interposant recurs contra qualsevol decisió del jutge instructor, amb l'objectiu de guanyar uns quants mesos fins que l'Audiència desestimi les seves al·legacions; ara demanant noves proves de defensa, malgrat saber d'antuvi que no són rellevants o que la seva obtenció serà molt difícil, i, en qualsevol cas, mai prou ràpida.

És molt difícil aturar aquesta tàctica, ja que la jurisprudència del nostre Tribunal Constitucional, sempre tan sensible als maldecaps que pateixen injustament els prohoms de la societat benestant, ens recorda constantment que cal no posar límits al dret de defensa, atès que és un dret fonamental.

I coneixedors d'aquesta doctrina, els advocats —en legítim exercici del seu deure de vetllar pels interessos del seu client— procuren retardar al màxim possible l'enjudiciament i la fermesa de la sentència, fent ús de tots els mecanismes que la legislació processal els permet. D'aquesta manera, quan finalment arribi el dia del judici i el veredicte, sempre podran argumentar que ja han passat molts anys des que es va cometre el delicte, i el culpable és un home diferent del que el va perpetrar. Tot seguit, demanen la suspensió condicional de la condemna i, en el seu cas, si no ho aconsegueixen, encara els queda una última baula: acudir al Consell de Ministres tot demanant compassió i que indultin el condemnat.

És pública i prou coneguda la xifra d'indults atorgats, discrecionalment i sense cap motivació reglada, pel Govern de l'Estat els últims anys. Més de 450 a càrrec del Partit Popular l'any 2012, i gairebé una mitjana de 300 anuals per part de l'anterior Govern del PSOE. I, quina sorpresa!, la immensa majoria concedits a tres grups concrets d'acusats: polítics, financers i policies. Deu ser una casualitat! O no.

Suposo que el lector ja deu començar a comprendre per què a determinats poders del mateix Estat no els interessa gaire que la justícia sigui un exemple d'eficàcia i celeritat.

De tota manera, un dels malentesos que la gent pateix sovint en aquesta qüestió és creure que si la persona finalment condemnada per un delicte té més de setanta anys ja no haurà d'entrar a la presó a complir la pena, ja que la Llei penitenciària recull aquesta edat com a criteri límit per aplicar el règim ordinari, és a dir, de classificació en segon grau i execució en centre tancat.

Voldria aclarir aquest dubte. És cert que la llei recomana, mai no obliga, als jutges, a tenir en compte l'edat del culpable a l'hora de decidir si cal executar la pena privativa de llibertat i en quin règim penitenciari. Però aquesta consideració comprensible en clau humanitària, de cap manera significa que pel sol fet d'haver complert ja els setanta anys hom pugui lliurar-se sempre d'ingressar en una presó.

Lluny d'això, el que succeeix a la pràctica és que el reu entra com tothom a la presó i roman aïllat en el mòdul d'ingrés un màxim de seixanta dies, termini durant el qual se'l sotmet a un exhaustiu examen físic, psicològic i conductual per part de l'equip de tractament, integrat per un criminòleg, un educador social, un metge i un especialista penitenciari.

La finalitat d'aquesta anàlisi no és cap altra que determinar el seu estat psicofísic i establir el tractament més adequat, tenint en compte el tipus de delicte comès, la personalitat de l'autor, els anys de condemna i la possible concurrència de causes d'imputabilitat reduïda, com poden ser l'addicció al consum abusiu de drogues o alcohol, la ludopatia, malalties mentals, dèficits educatius, etc.

Si la conclusió és que no representa cap perill per a la societat, llavors la Junta de règim interior valora si cal mantenir-lo en segon grau tancat o se li pot atorgar un accés progressiu al règim obert, anomenat tercer grau.

Aquest últim comença amb la concessió de permisos de sortida de vint-i-quatre hores de durada, un cap de setmana al mes, i, si demostra bon comportament, s'amplia fins a gaudir de permisos de fins a un màxim de setanta-dues hores continuades. Quan hagi transcorregut com a mínim una quarta part de la condemna imposada en la sentència, es podrà proposar al jutge de vigilància penitenciària el pas a règim obert o àdhuc a la llibertat condicional.

És a dir, tots som iguals davant la llei a l'hora d'ingressar per iniciar el compliment d'una condemna, però, si el reu té una edat avançada, té moltes més possibilitats que aquestes fases que acabem de descriure avancin força més de pressa. L'edat és, doncs, un element que cal tenir en compte, però no determina ineluctablement l'ingrés o no en un centre penitenciari.

Regeneració democràtica o immobilisme

El lector em permetrà que tanqui aquest capítol dedicat a la lentitud del sistema judicial tot fent referència a un darrer factor que incideix en la perpetuació d'aquest *pecat.*

Em refereixo a la repercussió que encara avui dia té un error deplorable comès a l'inici de la Transició espanyola des del règim dictatorial franquista cap a la democràcia.

Lluny del que va succeir entre els anys 1975 a 1980 en altres àmbits, en la carrera judicial no es va adoptar cap canvi en la destinació dels jutges i fiscals que havien cooperat de forma activa amb el règim militar. No parlo de depuracions, sempre sotmeses a criteris subjectius, i, per tant, susceptibles de fer pagar justos per pecadors.

Més aviat es tracta de recordar que, al cap i a la fi, la Transició va estar en tot moment tutelada pels hereus del franquisme, i, atès que es va adoptar la decisió majoritària de no fer una ruptura i escollir l'oblit encara que no s'hagués demanat perdó a les víctimes, aquesta alternativa legal va comportar una actitud excessivament benèvola per a la institució judicial, malgrat que havia estat un dels puntals de l'anterior règim.

L'exemple més colpidor d'aquell error és l'actual composició de l'Estat autonòmic, amb la confusió igualitària —sobretot a partir de la LOAPA— de nacions i regions incompatible amb un mínim rigor històric. I, fruit d'això, l'error de no haver establert un poder judicial autonòmic, similar al vigent sistema de poder legislatiu i executiu.

Aquests dos darrers gaudeixen d'unes competències clarament diferenciades entre l'àmbit estatal i l'autonòmic, amb un esperit federalista que el pas del temps ha anat modificant a la baixa.

Dissortadament, el poder judicial ha romàs inamovible en clau unitària, fins al punt que ni tan sols podem parlar de simple descentralització.

Les conseqüències són prou conegudes.

- Un Tribunal Constitucional elegit pels dos principals partits polítics estatals, PP i PSOE, que quan els convé es posen d'acord i elegeixen els membres que ja han exhaurit el mandat escollint entre els candidats més fàcilment manipulables i ideològicament propers.
- Una Audiència Nacional amb competències exclusives en tot allò que afecta conflictes que inclouen més d'una comunitat autònoma.
- Un Tribunal Suprem on s'encallen els assumptes sotmesos a recurs de cassació, integrat per magistrats de caràcter molt conservador, atesa la seva avançada edat i procedència. No oblidem que molts d'ells ja eren jutges i fiscals abans de l'esmentada Transició democràtica, i que no se'ls va exigir cap responsabilitat per la seva cooperació amb el règim dictatorial.
- Una delegació de competències molt reduïda des del Ministeri de Justícia a les respectives conselleries autonòmiques, a les quals només se'ls encarrega la funció d'administrar els mitjans materials.
- Un cos estatal únic de funcionaris, la distribució i el règim contractual o disciplinari dels quals és competència exclusiva del Govern central.
- Un Consell General del Poder Judicial dominat pels dos partits estatals majoritaris, atès que el seu nomenament i la seva renovació corresponen al Congrés dels Diputats i al Senat.

En síntesi, una situació arcaica de l'estructura judicial, impròpia d'un Estat modern, i gens respectuosa amb els drets dels ciutadans de gaudir d'una justícia de proximitat, amable, eficient, responsable i que interpreti la llei d'acord amb la realitat social del territori on exerceix les seves competències.

Sigui quin sigui el futur de l'Estat autonòmic, en clar procés de desintegració en aquests darrers anys, caldrà apostar decididament per una nova estructura que permeti fer realitat les esperances dels ciutadans, tan necessitats avui d'uns tribunals que compleixin amb eficàcia i celeritat la seva funció de protegir els drets dels qui han vist com el capitalisme especulatiu potenciat des del poder central els deixava sense feina, sense estalvis i sense molts dels avenços aconseguits amb un estat del benestar que tant ens va costar aixecar.

No ja tan sols per eficiència del sistema, sinó àdhuc per dignitat personal i col·lectiva, hem de lluitar entre tots per fer-ho possible.

III. La ira

> La violència sempre crea més problemes dels que resol, i, per tant, mai ens condueix a la pau.
>
> MARTIN LUTHER KING

Davant de crims execrables, és fàcil deixar-se endur pels sentiments i confondre justícia amb venjança. No hi ha dubte que hem avançat molt des de l'època medieval, on imperava la llei del talió i estava plenament justificat que els familiars de la víctima fessin ús de l'aforisme «ull per ull, dent per dent». Àdhuc si no eren capaços d'executar la pena amb les seves pròpies mans, la llei els permetia reclamar al rei que manllevés la vida del culpable penjant-lo de la forca. Afortunadament, amb la humanització de les penes físiques que va comportar la Il·lustració francesa, aquells costums ancestrals van anar desapareixent.

Però no ha estat fins al començament del segle XIX, que els sistemes penitenciaris de la majoria de països democràtics han suprimit del seu catàleg la tortura i la pena de mort. Malauradament, encara avui dia n'hi ha que mantenen una legislació absolutament incompatible amb la Carta dels drets humans aprovada l'any 1948 per l'ONU, en especial al continent africà i asiàtic. Com a jutge, m'és difícil entendre els meus companys d'aquells països, els quals, una vegada declarada la culpabilitat de l'acusat, no tenen cap remordiment a l'hora de signar una condemna que significa posar fi a la vida d'un ésser humà, per més miserable que sigui.

Baixem, però, a casa nostra, i analitzem quina és la resposta que la llei i la societat donen als delictes que han colpit de manera especial l'opinió pública, gairebé sempre amb la inestimable col·laboració d'alguns mitjans de comunicació que, massa sovint, confonen informació amb judicis morals paral·lels.

El lector sens dubte recordarà casos famosos com el crim de les nenes d'Alcàsser, la violació i assassinat de la nena Mari Luz, o el més recent judici i condemna de José Bretón per la desaparició dels seus dos fills menors d'edat. Són casos que ens han fet estremir d'horror per la seva absurda violència, atesa la situació d'indefensió de les víctimes.

I, segurament per això, la reacció popular ha estat no tan sols de rebuig, sinó un clam inequívoc a la justícia exigint que s'imposin penes exemplars.

Com a jurista, he de recordar que les sentències no han de ser mai exemplars, sinó justes, i que les passions no són pas bones conselleres a l'hora de dictaminar sobre la culpabilitat o no d'un acusat. I menys encara a l'hora de decidir la condemna que cal imposar-li. La serenitat sempre ha estat un valor quan es tracta d'administrar justícia, precisament perquè es fa en nom del poble, com ens recorda l'article 117 de la Constitució.

En aquest punt hem de ser molt clars, malgrat que els jutges i els fiscals tenim, com tothom, sentiments i podem córrer el risc de deixar-nos endur per l'estat passional que genera aquesta mena de crims. Si volem garantir un sistema institucional just i equitatiu, mai no ens podem deixar arrossegar pel desig de revenja. Demano al lector que reflexioni si la seva opinió davant d'un crim, en què l'alarma social reclama la màxima severitat, seria la mateixa en cas que l'acusat fos un membre de la seva família. A la Justícia, amb majúscules, li correspon el difícil paper de trobar el punt d'equitat adient entre la comprensible venjança emocional i la impunitat. Els puc assegurar que no és una tasca fàcil.

Tota pena comporta un càstig moral, però la determinació d'aquest càstig en termes jurídics ha d'ajustar-se estrictament al que recull la llei. És el que coneixem com a principi de legalitat democràtica, atès que no hem d'oblidar mai que les normes les dicta el Parlament i no els jutges, és a dir, qui legisla són els representants legítims de la societat. Si les que hi ha no ens agraden, és als nostres representants parlamentaris als que escau reclamar que les canviïn.

La doctrina Parot i les víctimes

I, parlant de canvis, és inevitable fer esment de la sentència dictada el mes d'octubre del 2013 pel Tribunal Europeu de Drets Humans, criticada tant per les associacions de víctimes del terrorisme com elogiada pels juristes.

Coneguda com la *doctrina Parot*, a causa del nom de l'etarra que la va fer famosa, la causa d'aquesta decisió del Tribunal Europeu de Drets Humans que ha comportat l'alliberament de més d'un centenar de persones condemnades durant els anys 1973 a 1995, per greus delictes de terrorisme o violacions múltiples, no és altra que la interpretació errònia del Tribunal Suprem espanyol d'un principi bàsic en tot estat de dret: la irretroactivitat de les lleis penals quan la seva reforma perjudica el reu.

En un exemple d'enginyeria jurídica, el Tribunal Suprem va declarar que els beneficis penitenciaris previstos en la llei abans de la reforma introduïda pel Codi penal de l'any 1995, i, en especial, la redempció de penes pel treball que significava l'escurçament d'un dia de presó per cada dos dies de compliment sense incidències negatives, s'havien de calcular sobre cada un dels crims comesos i no sobre el total de la condemna acumulada, que en aquella època era de trenta anys de privació de llibertat.

En arribar l'any 2006, els responsables d'institucions penitenciàries es van adonar que més d'un centenar de presos del grup terrorista ETA i una trentena de violadors o assassins múltiples començarien a complir la seva condemna efectiva —entre vint i vint-i-cinc anys— si els descomptaven els esmentats beneficis penitenciaris. El llum d'alarma es va encendre, i tothom va començar a córrer pensant com es podia evitar aquell disbarat.

No tinc cap dubte que els meus companys del Tribunal Constitucional eren prou conscients que canviar les regles del joc i interpretar la llei de manera diferent de com s'havia fet fins llavors podia vulnerar el dret a la legalitat del règim de compliment de les penes, però per set vots a cinc van decidir assumir el risc, cosa que ha permès que els afectats hagin romàs a la presó gairebé sis anys més dels que —legalment— els pertocaven.

La justícia internacional ha hagut d'esmenar, una vegada més, la plana als màxims responsables de la justícia espanyola, i el clam de les víctimes d'aquells crims s'ha fet sentir al carrer per a vergonya dels qui no van saber preveure amb temps aquesta situació.

El perill de tot plegat és que algun ciutadà o familiar d'alguna víctima, indignat per les conseqüències d'aquesta situació injusta, doni el pas de prendre's la justícia pel seu compte quan es trobi cara a cara amb l'assassí o violador múltiple. Desitjo de tot cor que no passi mai, però no voldria ser jo qui l'hagués de jutjar i condemnar. Els sentiments de les víctimes mereixen sempre el màxim respecte, encara que la seva reacció no sigui la que tots hauríem volgut.

Un exemple molt clar del que estic dient és el cas de la senyora M.ª Carmen García. El nom segurament no els recordarà a ningú en concret, però si els faig memòria que es tracta d'una mare del petit poble de Benejússer (València), que l'any 2010 va matar el violador de la seva filla menor d'edat, ruixant-lo amb benzina al bell mig del carrer i llançant-li un llumí al cos, quan l'home va sortir de la presó per gaudir d'un permís de cap de setmana (ella es va trobar davant l'ensurt que ell havia tornat al poble incomplint l'ordre judicial d'allunyament), de ben segur que estaran d'acord amb mi que justícia i venjança no són pas la mateixa cosa.

La pregunta que cal fer-nos davant d'un fet com aquest és si aquesta dona mereix alguna sanció. I la resposta és inequívoca. Podem comprendre determinats actes, però no pas justificar-los. Qui s'atorga el dret de matar una altra persona, encara que hi sigui empès per un estat d'ira totalment comprensible, no pot ser absolt per la societat, llevat que es demostri que va actuar sota un estat eximent d'alienació mental transitòria. Ara bé, la pena que, d'acord amb la llei corresponguì imposar, una vegada valorada la circumstància atenuant qualificada de la seva responsabilitat criminal, pot ser perfectament suspesa per la justícia, o àdhuc indultada, si la persona culpable no constitueix cap perill per a la societat, com sens dubte passa en aquest cas concret.

Als qui es van escandalitzar quan el meu col·lega valencià la va condemnar com a autora d'un delicte d'homicidi a la pena de deu anys de presó, només els puc dir que aquella condemna va ser confirmada íntegrament pel Tribunal Suprem, i, alhora, el seu ingrés a la presó va ser ajornat fins que el Consell de Ministres resolgui l'expedient governatiu d'indult plantejat d'ofici pel mateix jutge, el qual, en el seu informe —no vinculant—, demana que es redueixi la pena a dos anys de presó amb dret a suspensió condicional.

És a dir, el mateix jutge que la va condemnar a la pena mínima de deu anys que fixava la llei reconeix que no hi ha cap causa que en justifiqui el compliment efectiu, i recomana al Govern de l'Estat que indulti parcialment la condemnada.

Això és fer justícia!

En el moment de tancar aquest llibre, el Consell de Ministres encara no ha adoptat cap decisió. Espero que, per una vegada, facin el que és correcte.

Entrant en un pla més general de reflexió, he de dir que en els molts anys que porto exercint la jurisdicció penal, he pogut comprovar que no hi ha dos casos idèntics. Naturalment n'hi ha que són similars, però sempre hi trobarem alguna circumstància específica que fa un cas totalment diferent de qualsevol altre. I la veritable funció dels tribunals és analitzar cas per cas, a fi i efecte de poder fer-ne una valoració individualitzada que ens permeti emetre un veredicte que no tan sols sigui legal, sinó que, per damunt de tot, sigui just.

Cal pensar que, gairebé sempre, l'autor d'un delicte contra les persones (assassinats, homicidis, violacions, segrest, lesions greus, etc.) actua empès per un mòbil. Només els psicòpates fan mal sense cap motiu. I, justament per això, cal que el tribunal encarregat de jutjar cada cas estudiï amb cura les dades objectives del fet, les personals de l'autor i de la víctima, juntament amb l'entorn que el va acompanyar. En una paraula, esbrinar per què ho ha fet i no tan sols què ha fet.

El cas Bretón

Per dur a terme aquesta tasca, com en els capítols anteriors, si al lector li sembla bé, centrarem la nostra atenció en alguns casos concrets que han rebut un tractament mediàtic important, cosa que ens permetrà veure fins a quin punt els mitjans de comunicació poden interferir en la funció jurisdiccional, sobretot quan el tribunal competent per emetre un veredicte és un jurat popular.

Des del maig fins al juliol del 2013, es va celebrar a l'Audiència Provincial de Còrdova, el judici oral contra el processat José Bretón, pare de dos nens de sis i tres anys, respectivament, que l'any 2011 van desaparèixer quan romanien temporalment en la seva companyia, atès que li pertocava el règim de visites setmanal previst en la sentència judicial de divorci dictada pocs mesos abans a instàncies de la seva muller.

Fins avui, mai més no s'ha sabut res del parador dels dos infants, malgrat que les investigacions policials de seguida van dirigir-se vers un possible segrest amb posterior assassinat, en el qual estaria implicat el mateix pare.

Es tracta d'un cas en què l'aparició de judicis paral·lels a la televisió va ser constant, sense respectar el dret a la presumpció d'innocència de l'acusat ni el dolor de la víctima, mare dels dos menors. En aquest censurable costum, van destacar especialment Tele 5 i Antena 3, dues cadenes que des de fa temps aposten per l'índex d'audiència a qualsevol preu.

Si algú està interessat a comprovar fins a on han arribat ambdues cadenes televisives en aquest menyspreable camí de difusió de l'anomenada *teleporqueria* judicial, li recomano que llegeixi el magnífic treball d'investigació fet per l'equip de dret penal i criminologia de la Universitat Autònoma de Barcelona, anomenat *Malas noticias* i publicat l'any 2009. Ens permet copsar el tractament abusiu i morbós que es dóna a aquests casos i com es juga amb els sentiments dels implicats.

Dissortadament, a l'Estat espanyol —i em temo que en molts altres països—, hi ha molta gent a qui li agrada aquesta matèria i que es queda enganxada davant del televisor quan persones presumptament expertes en psiquiatria forense opinen sobre tot allò que és diví i humà en aquesta classe de processos criminals mediàtics. Cal ser justos i donar a cada un la seva quota de culpa. Si no hi hagués milers de ciutadans mirant aquests programes, ja faria temps que haurien desaparegut de la pantalla.

Tornant al cas Bretón, la premsa recollia amb delit durant la celebració de les sessions de la vista oral que l'acusat tenia una mirada *assassina*, atesa la fredor amb què escoltava les declaracions de la mare dels nens, les manifestacions dels testimonis de càrrec i els informes dels perits que van dictaminar que les restes òssies calcinades que es van recollir en una finca rústica propietat de l'acusat corresponien a dos infants d'una edat aproximada als desapareguts, malgrat que no se'n va poder determinar l'ADN perquè estaven completament calcinats.

Com és prou conegut, aquest cas va ser especialment controvertit perquè la primera prova pericial forense duta a terme per l'Institut de Medicina Legal va concloure que es tractava d'ossos no humans, i no cal dir que l'advocat encarregat de la defensa de l'acusat va fer tot el possible, en compliment del seu deure professional, per introduir en el debat la hipòtesi d'un *dubte raonable* sobre l'existència o no del *cos del delicte*, tesi que, en cas de ser estimada pel jurat, obligava a emetre un veredicte de no-culpabilitat.

Les crítiques ofensives que va rebre el lletrat per part dels esmentats *opinadors* experts televisius van ser tan excessives com injustes, atès que no feia sinó complir amb objectivitat la seva obligació legal: defensar el seu client amb tots els arguments legals possibles.

Sovint m'he trobat amb persones que, en conèixer la meva professió, m'han fet la pregunta següent: Com és possible que hi hagi advocats que defensin assassins o violadors? No se'ls remou la consciència? I sempre contesto el mateix: en un Estat democràtic, totes les persones tenen dret a ser defensades en un judici amb les màximes garanties legals, àdhuc l'assassí més execrable. I algú ha de fer aquesta tasca, encara que a vegades no sigui de bon grat.

És una de les primeres coses que ens ensenyen a la Facultat de Dret: assumir el deure de defensa amb la mateixa dedicació i professionalitat tant si el client és d'ofici com si és particular. En aquesta qüestió no hi poden haver termes mitjos, ni acusats de primera o segona categoria, atès que som davant d'un dret fonamental. La llei ha de ser igual per a tothom, amb independència de si l'acusat és innocent o culpable.

Entenc que a vegades costi admetre-ho, però cal matisar que defensar algú de qui el seu propi advocat sap que l'espera una condemna segura, ateses les proves irrefutables de la seva culpabilitat i la gravetat del delicte comès, no significa pas que l'assessor jurídic hagi de convertir-se en encobridor del seu client, i menys encara en el seu còmplice. La funció de l'advocat no és ajudar l'acusat a escapolir-se de la justícia. És molt més simple, i alhora complicat, que això.

No tinc el més mínim dubte que els advocats de Santiago del Valle (cas Mari Luz) i de José Bretón van descobrir ben aviat que l'acusat a qui els havia tocat defensar pel torn d'ofici era un ésser menyspreable. I, malgrat tot, van complir el seu deure de plantejar davant del tribunal tots els dubtes sobre les proves de càrrec i al·legacions jurídiques que van considerar adients. Aquesta és la clau de volta del sistema. Només es pot condemnar algú quan no hi ha el més mínim dubte de la seva culpabilitat. I cal fer-ho tot imposant-li una pena equitativa, és a dir, que tingui en compte totes les circumstàncies del cas, siguin favorables o contràries a l'autor. De la mateixa manera que el fiscal s'encarrega de buscar i presentar al tribunal totes les proves incriminatòries, l'advocat defensor ha de cercar i aportar totes les dades i els indicis que permetin qüestionar els càrrecs criminals, o, si més no, reduir la culpabilitat de l'autor.

Voldria aclarir que aquest dret de defensa garantista, vigent arreu de tots els sistemes jurídics de la Unió Europea, també és reconegut a la víctima quan es tracta de delictes violents. És freqüent que molts ciutadans argumentin de manera genèrica que la llei protegeix més els criminals que les víctimes. He de dir que no és pas del tot cert, si més no avui dia.

Des de l'any 2004, tota persona que hagi patit una agressió física o sexual gaudeix de l'empara del sistema judicial, i, malgrat que fins llavors només era considerada un testimoni presencial sota tutela del Ministeri Fiscal, avui té un estatut jurídic propi que li garanteix l'assistència legal gratuïta i la possibilitat de comparèixer en el procés tot exercint l'acusació particular.

Des de llavors, amb aquesta mesura s'intenta equilibrar l'estricte respecte dels drets de l'acusat i els de la víctima o els seus familiars, amb l'objectiu irrenunciable de garantir a ambdues parts un judici just. L'any 2011, el Parlament europeu va aprovar una normativa molt completa en aquesta matèria, amb el títol *L'estatut de les víctimes en el procés penal,* i l'Estat espanyol l'ha incorporada ja al nostre dret intern.

En compliment d'aquesta decisió legal, en tots els col·legis d'advocats hi ha un torn de voluntaris que s'inscriuen en una llista per si la persona perjudicada pel delicte vol gaudir de la seva assistència legal, totalment gratuïta en cas que no disposi de mitjans econòmics per fer front als honoraris professionals que el mateix col·legi fixa cada any.

Tornant al cas Bretón, voldria fer un breu esment a una de les qüestions més debatudes durant el seu procés: el mòbil del crim!

D'acord amb el veredicte unànime del jurat, va ser precisament la ira que sentia vers la seva exmuller la que el va empènyer a cometre el doble assassinat infantil. Qui hagi llegit la sentència, haurà pogut comprovar que els jurats expliquen en la motivació racional de la seva decisió que l'acusat no va acceptar mai el fet que la seva dona es volgués separar d'ell i l'abandonés. Per això, diuen, va planificar el segrest amb ulterior mort dels dos fills com a mètode idoni per fer-li el màxim mal possible. És a dir, els nens només haurien estat l'instrument de la venjança. La culminació d'aquell despropòsit hauria estat la incineració dels cadàvers amb l'objectiu d'amagar el delicte i gaudir d'impunitat.

No sé pas si jo, com a jutge professional, m'hauria atrevit a afirmar una cosa semblant en cas que m'hagués estat assignada la competència del cas. Si fos cert, no hi ha dubte que seríem davant d'un monstre o un psicòpata, individus que es caracteritzen per no sentir cap empatia vers les víctimes, malgrat ser conscients del dolor que provoquen.

Com el lector recordarà, fa pocs anys, l'actor Anthony Hopkins va protagonitzar dues pel·lícules amb molt d'èxit, en les quals feia el paper d'Hannibal Lecter, un assassí en sèrie que matava pel sol fet de gaudir veient com el fil de la vida de les seves víctimes s'anava consumint a poc a poc. Els seus crims no tenien cap mòbil concret, més enllà de proporcionar-li el plaer de dominar la vida i la mort. Era el paradigma del psicòpata perfecte, un home astut, intel·ligent, que sempre aconseguia despistar la policia i continuar en llibertat, preparant un nou crim.

Afortunadament només era una pel·lícula, però a vegades la realitat supera la ficció, com ens demostra el cas dels nazis Adolf Eichmann i Josef Mengele. En paraules de l'escriptora Hannah Arendt, jueva alemanya que va poder escapar d'un camp de concentració l'any 1943, «sovint el mal és tan absurd i mancat de límits que només es pot comparar amb la mediocritat del culpable».

Als anys setanta, a causa del judici celebrat a Israel contra l'esmentat Adolf Eichmann, va escriure un llibre amb el títol de *La banalitat del mal*, en què explicava la seva tesi que el poble jueu també tenia part de culpa en l'Holocaust protagonitzat pels nazis hitlerians, atès que en els guetos de les ciutats ocupades hi va haver molts delators, entre els quals hi havia alguns dels dirigents de les sinagogues, a qui acusava de ser tan culpables com els executors materials del genocidi. No cal dir que va rebre moltes crítiques per dir la veritat.

És, doncs, Bretón un psicòpata sense ànima? O potser només es tracta d'un ésser miserable que va dirigir el seu immens odi vers aquells a qui tenia el deure moral i legal de protegir: els seus propis fills?

Els forenses experts en psiquiatria que van declarar en el judici van diagnosticar-lo com una persona molt maquinadora, freda, amb sentiments d'inferioritat i baixa autoestima, però que no presentava cap alteració mental ni dèficit cognitiu. Per això el jurat el va declarar plenament imputable (és a dir, capaç de comprendre el que fa i decidir voler fer-ho) i va emetre un veredicte d'unanimitat a favor de la condemna màxima.

Costa de creure que una persona *normal* pugui ser capaç de dur a terme actes d'aquesta naturalesa. Però la vida ens ensenya que l'ésser humà pot fer les accions més miserables i alhora les més solidàries i altruistes. Som uns éssers complexos i polièdrics, tant per bé com per mal.

La mare dels nens, Ruth Ortiz, va declarar en el judici que el seu exmarit era molt tímid i covard, però que alhora podia tenir atacs sobtats d'ira sense límits. Aquesta manifestació va ser aprofitada per la seva advocada en l'al·legat final, tot dient als jurats que Bretón no va acceptar que la seva dona el deixés, i, empès d'un ànim venjatiu, va decidir fer-li mal en allò que més estimava: els fills. Encara més, va afegir que estava segura que la decisió de cremar-los no obeïa només a l'objectiu d'amagar les proves del crim, sinó al desig de multiplicar el dolor de la mare, atès que d'aquesta manera es quedaria tota la vida amb la incertesa de si efectivament estaven morts o no.

Segur que tothom recorda com, en escoltar el veredicte del jurat, Bretón ni es va immutar. La seva cara va romandre inalterable, amb uns ulls oberts i una mirada fixa perduda al fons de la sala.

No semblava pas que hagués entès que l'acabaven de condemnar, per unanimitat, a passar els següents quaranta anys de la seva vida —una veritable cadena perpètua— tancat a la presó. Quan tingui dret a sortir progressivament amb permisos temporals, haurà complert ja els setanta-cinc anys i serà un ancià que haurà destruït la seva vida juntament amb la dels seus familiars més propers.

Potser caldria que tots plegats ens preguntéssim què passa per la ment d'un home quan és capaç de no reaccionar davant d'una condemna així. Ja hem dit que no es tracta pas d'un boig, ni d'una persona que demostrés en cap moment que patia l'immens dolor d'haver perdut també els seus dos fills menors d'edat. He de confessar que no en tinc la resposta.

Una mare i dos nadons morts

Només una vegada al llarg de la meva vida professional m'he trobat davant d'un cas similar, i els he de confessar que, encara avui dia, malgrat que ja han passat més de deu anys, continuo pensant que l'ésser humà es incomprensible quan arriba a aquests extrems.

En un procés amb jurat popular, l'any 2003, vaig presidir un judici en què la Fiscalia acusava una dona d'haver matat els seus dos fills —d'un i tres anys d'edat— ofegant-los a la banyera de casa seva. L'acusada mai no va negar els fets i la seva defensa només va poder argumentar que havia actuat sota un estat d'obnubilació que, en terminologia jurídica, es coneix amb el nom de TMT (trastorn mental transitori).

He d'aclarir que, després de matar els dos nadons, la mare els va assecar amb la tovallola, els va vestir, els va portar al seu llit i els va acotxar amb cura. Tot seguit, va pujar al terrat de l'edifici on vivien i es va llançar al buit pel pati interior des d'una setena planta. Miraculosament, o potser desafortunadament per a ella, les cordes dels estenedors de la roba que hi havia al pati van anar aturant la seva caiguda, i per això quan va colpejar violentament contra el terra no va morir, malgrat patir greus i múltiples fractures.

Mai no oblidaré les seves paraules. Una vegada llegit el veredicte del jurat que la declarava culpable per majoria qualificada, sense apreciar cap circumstància atenuant de la seva responsabilitat criminal, i, en compliment de la llei, li vaig concedir la darrera paraula abans de dictar sentència.

Amb una serenitat esfereïdora, em va dir: «Senyoria, no tingui cap remordiment en imposar-me la condemna que em pertoqui; no m'importen els anys de presó que la llei digui. El dia que vaig matar els meus fills, jo mateixa em vaig condemnar a cadena perpètua. Aquell dia jo també vaig morir amb ells, encara que avui estigui físicament aquí. Mai no em podré perdonar a mi mateixa».

Cada vegada que penso en el cas Bretón recordo aquell altre cas que vaig haver de viure en primera persona, i m'adono de com de diferents som els éssers humans.

Els jurats populars

I això em permet endinsar-me en un dels temes més controvertits del sistema penal, on cada ciutadà i jurista té una opinió diferent. Es tracta de la institució dels jurats populars, que no deixa indiferent ningú. Per als uns, és un disbarat i els critiquen perquè els consideren poc fiables. Per als altres, som davant de la veritable participació del poble en el món de la justícia.

Potser per opinar amb coneixement de causa, caldria saber-ne algunes coses més de les que surten als mitjans de comunicació, tant en relació amb la intervenció dels onze ciutadans que —sovint contra la seva voluntat— surten elegits, com de la funció que la llei atorga al magistrat president del tribunal.

Em sap greu haver-ho de fer amb una crítica al col·lega que va presidir el judici i va dictar sentència en l'esmentat cas Bretón, el magistrat Pedro Vela, a qui tinc en gran estima per la seva trajectòria professional.

Vull matisar que, en general, la seva tasca durant el judici oral va ser eficient i molt respectuosa amb els drets de totes les parts implicades, sobretot amb la mare i els altres familiars dels menors. Però vaig trobar a faltar una mica més de rigor i valentia a l'hora de complir el seu deure de vetllar perquè la vista no es convertís en un circ mediàtic. Tasca, sens dubte, difícil, quan ets al davant d'un cas que acapara l'atenció de molts mitjans de comunicació, però que forma part de les obligacions que tenim els jutges a l'hora de fer compatible el dret fonamental a la informació amb el de la intimitat. També crec que no va estar prou encertat a l'hora d'escollir els jurats, i aquest dèficit potser va perjudicar la imatge d'imparcialitat que és consubstancial a la justícia. Permeteu-me que m'expliqui.

Una de les funcions bàsiques del magistrat president d'un tribunal de jurats populars consisteix a verificar la idoneïtat dels ciutadans escollits per al cas concret. La llei determina que, per a cada judici, el sistema informàtic del cens electoral seleccionarà —aleatòriament— quaranta-sis persones, i que els elegits hauran de comparèixer davant del jutge —amb assistència del fiscal i els advocats de les parts acusadora particular i defensa— uns quants dies abans de l'inici de la vista oral, per tal de poder al·legar les excuses que considerin adients, i, així, arribat el dia i l'hora en què hagi de començar el judici, els nou jurats titulars i els dos suplents només s'han d'escollir entre un màxim de vint candidats.

Aquest tràmit incidental s'aprofita per excloure els més grans de setanta-cinc anys, les persones que pateixin alguna malaltia psíquica o física que els impedeixi complir satisfactòriament el seu deure, i els qui estiguin afectats per alguna causa legal d'incompatibilitat, com ara els funcionaris policials o de presons, els advocats o procuradors, els metges que ocupin un lloc de treball insubstituïble, les persones que tinguin antecedents penals, etc.

Alhora, també cal vetllar per tal que els candidats reuneixin algunes condicions genèriques que garanteixin la seva imparcialitat i representació de la societat, com ara l'edat (hi ha d'haver un nombre equilibrat de joves i grans), el gènere (homes i dones), el nivell intel·lectual (amb estudis universitaris, de grau mitjà i sense), etc. En aquesta tasca hi intervenen el fiscal i els advocats, però la darrera paraula sempre la té el jutge.

En el cas Bretón, aquesta selecció crec sincerament que no es va fer de manera prou acurada, atès que finalment van ser membres del jurat set dones i només dos homes, amb una edat mitjana de més de cinquanta anys i un nivell cultural força baix.

No estic dient pas que aquesta composició contaminés de manera decisiva la decisió de culpabilitat, però hauria estat molt millor que la selecció s'hagués ajustat a paràmetres més objectius i transversals, sobretot tenint en compte que tots ells coneixien ja d'antuvi dades rellevants del cas, puix la premsa en va fer ampli ressò abans de començar el judici.

És més, potser hauria estat prou justificat que els quaranta-sis ciutadans candidats aleatoris s'haguessin escollit del cens general de tot l'Estat espanyol, i no pas només —com és habitual— de la província andalusa on havien succeït els fets. La distància —territorial i emocional— sempre ajuda a millorar la perspectiva, i, per tant, també la imparcialitat.

D'afegitó a aquest dèficit inicial, cal no oblidar que alguns dels testimonis, i àdhuc algun perit, van reblar les seves declaracions en el plenari amb frases que cap jutge no ha d'admetre. Per exemple, quan un familiar de les víctimes va adreçar-se als jurats i els va dir cridant: «Però no veuen que és un assassí? Si ho porta escrit a la cara».

Ja sé que un judici penal té molt d'escenificació, i que, si són davant d'un jurat popular, tant la Fiscalia com els advocats fan tot el possible per cridar la seva atenció. L'exemple més evident el tenim en els judicis que fan als EUA i que tots hem pogut veure —en la ficció— a la televisió o al cinema.

Allí, el fiscal i l'advocat s'aixequen contínuament de la seva cadira i s'apropen als testimonis de la part contrària abans de començar el seu interrogatori, i, de tant en tant, teatralment, fan silencis premeditats fins que el magistrat president els crida l'atenció dient-los: «Alguna pregunta més o han acabat amb el testimoni?». I comencen de veritat les preguntes que ja tenien preparades per fer caure en contradiccions el qui fins llavors estava declarant alguna cosa que no agradava prou a l'interrogador.

Qualsevol especialista en psicologia criminal els dirà que són tècniques molt ben pensades per aconseguir que els jurats estiguin atents i esperin alguna sorpresa que els faci decidir, finalment, qui té la raó, si l'acusació o la defensa.

Per reblar aquesta actuació, hauran pogut comprovar també que, sense cap motiu aparent —de sobte—, l'advocat es tomba i es dirigeix pausadament vers l'indret on romanen asseguts els jurats, els mira de fit a fit un per un i deixa anar alguna frase lapidària en relació amb una suposada contradicció flagrant del testimoni, la qual cosa afecta la seva credibilitat i sembla resumir-ho tot: «No es deixin enganyar! Si ha mentit, vol dir que amaga alguna cosa. I, si és així, vol dir que el meu client té la raó». Cas tancat, oi?

En el sistema judicial europeu, fixeu-vos que no és ben bé així, però l'estrada on seiem els jutges, els fiscals i els advocats és un metre més amunt que la resta de la sala, com si fos un escenari on es representa l'obra. Dissortadament, sempre s'hi fan tragèdies.

Aquest simple escenari ja permet albirar que dins la sala hi ha unes persones que són experts i unes altres que no. Es crea automàticament una atmosfera de domini que va més enllà del principi d'autoritat moral que la ciutadania reconeix al tribunal.

D'afegitó, els juristes fem servir un llenguatge gairebé críptic, ple de tecnicismes innecessaris, gens adreçat a facilitar la comprensió per part dels afectats pel judici i el públic. Com ja he avançat en un capítol anterior, res d'això no és casualitat. Ans al contrari, busquem maliciosament que el joc —per molt seriós que sigui— no se'ns escapi de les mans.

La idea que resumeix la frase típica «com més difícil sigui que ens entenguin, més fàcil serà que no ens qüestionin» està fortament arrelada en l'àmbit judicial, i són molts els juristes que la practiquen amb entusiasme.

Afortunadament, la institució del jurat, que va començar a funcionar a l'Estat espanyol l'any 1995, ha representat una finestra oberta a aquest costum tan poc democràtic. I per això sempre n'he estat un ferm defensor.

Un sistema poc humà?

Per acabar ja amb la crítica constructiva sobre el rol del meu company magistrat de Còrdova, he de fer esment d'una dada que probablement haurà passat desapercebuda a molts lectors: la poca humanitat del sistema, fins al punt que no s'ha permès encara a la mare enterrar els seus dos fills.

Quan el sumari es tramita per un delicte d'assassinat o homicidi, és freqüent que el cadàver sigui lliurat a la família tan bon punt els metges forenses i la policia científica han extret del cos les restes orgàniques imprescindibles per poder dur a terme els seus respectius informes pericials. Això facilita als familiars de la víctima començar el procés de dol que els permetrà, a poc a poc, superar el dolor.

Qualsevol psicòleg ens dirà que, si la pèrdua ha estat sobtada i violenta, fins que no es fa l'enterrament o la incineració, és impossible trencar el vincle emocional que ens té en estat de xoc. Només a partir d'aquell moment podrem iniciar una reflexió mínimament serena que ens portarà a assumir allò que és inevitable: mai més no tornarem a veure la persona estimada ni a parlar-hi.

L'advocada que va exercir l'acusació particular en representació de la senyora Ortiz havia demanat al jutge, durant la fase d'instrucció del sumari, que li fossin lliurades a la mare les restes òssies dels seus dos fills, per tal de poder donar-los sepultura digna. El jutge instructor, en estricte compliment de la llei, va rebutjar la petició tot recordant que, fins que no hi hagués sentència, amb un relat de fets provats que declarés inequívocament que aquelles restes eren José i Ruth, no podia accedir-hi, atès que —legalment—, com que en aquest cas no hi havia proves d'ADN que confirmessin fefaentment la identitat, només la sentència podia resoldre la qüestió.

Malauradament, la decisió del magistrat president del jurat, feta pública el dia 12 de juliol del 2013, tampoc no va donar satisfacció a la turmentada mare.

En la part dispositiva ordena que, una vegada sigui ferma la condemna, és a dir, quan el Tribunal Suprem resolgui el recurs de cassació que la defensa de l'acusat ha interposat, i en cas que la sentència que posarà fi al procés sigui confirmatòria de la culpabilitat, s'inscrigui la defunció dels dos menors en el Registre Civil, i, simultàniament, es lliurin les restes a la mare.

Atès que el Tribunal Suprem tarda actualment una mitjana de més d'un any a resoldre els recursos de cassació penals, aquelles restes humanes romandran sota custòdia del tribunal fins que el cas estigui completament tancat, amb la qual cosa es perllongaran l'agonia i la desesperació de la mare.

És un exemple més de decisions plenament legals, però que estan molt lluny de ser justes!

Una altra vegada «la banalitat del mal» que ens recordava Hannah Arendt. En pocs casos com aquest arribarem a copsar tan clarament el dany que podem fer les persones i les institucions. Que poc que hauria costat fer a mans de la senyora Ruth Ortiz les despulles humanes, alhora que se li recordava que era un lliurament provisional, sotmès lògicament a la resolució definitiva del cas.

L'autoritat moral no és tan sols qüestió de lleis i normes. Cal un component intangible que va més enllà del text escrit pel legislador i la jurisprudència. Al cap i a la fi, la vida ens demostra contínuament que només l'humanisme i la interpretació racional de la llei ens posa cada un en el nostre lloc.

Fixem-nos, si més no, en la reacció de la gent quan es troba davant d'una gran catàstrofe, com ara unes inundacions o un accident múltiple.

L'últim exemple el podem trobar en el descarrilament del tren d'alta velocitat a Santiago de Compostel·la (Galícia), succeït també el mes de juliol del 2013, amb gairebé un centenar de morts. El nombre de persones que voluntàriament es van afanyar a ajudar els ferits va ser enorme, i, una vegada els Serveis de Protecció Civil van poder controlar la situació, milers de ciutadans anònims van acudir als hospitals per donar sang en previsió de les transfusions que caldria fer.

Reinserció o càstig

Als antípodes d'aquest comportament exemplar, hem vist que hi ha gent que no dubta a fer mal, malgrat que és conscient que el patiment dels destinataris dels seus actes mai no podrà rescabalar-se. Si alguna cosa té de certa la justícia és que la reparació del dany causat no pot ser absoluta, com si el fet no hagués succeït. És precisament per aquest motiu que les noves fórmules de justícia restaurativa que s'imposen en els països nòrdics aposten de manera decidida per prioritzar l'atenció a la víctima i la mediació reparadora, abans que per castigar el culpable.

Comptant d'antuvi amb la paciència del lector, voldria dedicar unes quantes línies a la finalitat de les penes de presó.

Tothom sap que el primer objectiu és el de càstig, és a dir, el que en argot jurídic es coneix amb el nom de *finalitat retributiva.* Com més greu és el delicte, més elevada és la sanció. També és públic i notori que les presons compleixen una segona funció bàsica, consistent en l'aïllament del delinqüent. Mentre està tancat, òbviament no torna a delinquir. Però la qüestió es complica ja una mica més, quan recordem que l'article 25.2 CE diu que una tercera finalitat de la pena ha de ser la reinserció social.

El debat se centra llavors en si la renúncia de l'Estat a castigar el culpable amb una pena de presó, substituint-la per una altra de menys punitiva, ateses sempre les circumstàncies concretes de cada cas, pot constituir un mecanisme adient per evitar la doble victimització de la persona atacada (la qual no haurà de tornar a declarar en el judici oral, amb l'afectació emocional que això sempre comporta) i, alhora, un mètode potenciador de l'autoresponsabilitat de l'autor del delicte, sempre que, amb l'ajut d'experts en psicologia criminal, accepti sotmetre's a un programa rehabilitador que el porti a comprendre no tan sols l'abast antijurídic dels seus actes, sinó també el mal que ha causat.

Comprenc perfectament que molts lectors pensaran que ni tots els delictes ni totes les persones implicades poden acollir-se a aquesta possibilitat alternativa legal, que en països com Bèlgica i Holanda significa que un 35% dels casos acabin amb un acord entre la Fiscalia i la Defensa, mentre que a Espanya i França no arriben al 20%.

Evidentment ha de ser així. La llei ha de fixar uns límits molt clars en funció del tipus de delicte comès, juntament amb dades objectives de caràcter antisocial, com la reincidència, l'abús de superioritat o la conducta del culpable durant la tramitació del procés. Aquesta línia vermella pot venir establerta per la naturalesa violenta o no de l'acció criminal. És a dir, cal excloure d'entrada tots els delictes greus que hagin provocat danys físics, com ara els homicidis, les agressions sexuals, els segrestos o les lesions. Amb la resta, un 75% del total, les mesures alternatives a la presó sempre donen millor resultat en clau resocialitzadora, i, alhora, permeten que la part perjudicada pel delicte rebi un tracte molt més satisfactori per part del sistema.

No és bo que, com recull el Codi penal espanyol actual, el límit legal d'aquesta alternativa jurídica tingui en compte únicament la pena que s'ha d'imposar. L'actual Llei orgànica 5/10, de 22 de juny, l'última que ha modificat l'anterior normativa en aquesta matèria, només permet al jutge la possibilitat de substituir el compliment de la pena en un centre penitenciari quan es tracti d'una persona que ha delinquit per primera vegada, sempre que la condemna no superi els dos anys de presó. Molts delictes menys greus superen aquest límit.

Atesos aquests dos requisits legals acumulatius, a Espanya, l'índex de casos que poden acabar amb una mediació i acord entre acusació pública, privada i defensa no arriba al 20%, molt lluny del 40% registrat a Alemanya, el 36% del Regne Unit o el 31,5% de França.

La conseqüència d'aquesta aposta del legislador espanyol per limitar l'accés de molts culpables a una segona oportunitat ha provocat que, segons l'informe estadístic del Consell Europeu en matèria penitenciària del període 2000 a 2010, la mitjana de presonització (índex d'interns en centres penitenciaris) sigui de 147 interns per cada 100.000 habitants, mentre que el de la Unió Europea és de 94. La conseqüència immediata: presons saturades i dificultats per poder dur a terme amb un mínim d'eficàcia els programes de tractament individualitzat.

Es podria pensar que aquesta diferència obeeix al fet que Espanya és un Estat on es delinqueix molt, però està demostrat que no és així, si ho comparem amb la majoria de països occidentals. No vull amagar que dels vint-i-set estats de la Unió Europea, ocupem el quart lloc del rànquing en quantitat de petits delictes.

S'inclouen en aquest apartat els furts, els robatoris sense violència, la sostracció de vehicles, les estafes de menys de 6.000 euros, els delictes contra la seguretat viària i totes les infraccions penals no intencionades, imprudents. És a dir, molts però de poca gravetat.

En percentatge comparatiu, aquest grup d'il·lícits penals significa més del 65% del total, i no cal dir que provoca una elevada sensació d'inseguretat ciutadana, tot i que els darrers tres anys les xifres s'han estabilitzat. Però, quan ho analitzem des de l'òptica d'altres factors concurrents, ens adonem que —lluny del que molta gent pensa— només cinc estats membres de la Unió Europea tenen menys delictes greus que nosaltres.

Dit d'una altra manera, estem situats en el sisè lloc del territori europeu més segur. Viure a qualsevol dels altres vint-i-un països membres comporta un risc més alt de ser víctimes d'un delicte greu, i prou que ho reconeixen els milions de turistes que ens visiten cada any! És cert que els molesta molt haver estat víctimes d'un furt, però també reconeixen que, al seu país, el perill de ser atacats amb violència és força més alt.

Estadístiques contra clixés

Com podem, doncs, continuar dient que el sistema penal espanyol és massa benvolent i que cal endurir les penes i evitar que els delinqüents entrin per una porta i surtin al cap de poc per una altra? Els estereotips i la por indiscriminada no són els millors consellers a l'hora de decidir quina és la millor política criminal d'un país.

Un estudi conjunt de la Unió Progressista de Fiscals i de Jutges per la Democràcia ha posat de manifest la manca de veracitat d'aquests deu clixés, malgrat que romanen molt arrelats en l'opinió pública:

1. La justícia és massa garantista amb els delinqüents; amb l'excusa de la presumpció d'innocència, moltes vegades es rebutgen proves que demostren la culpabilitat i el criminal surt en llibertat.

2. Les presons només serveixen per castigar el culpable, però a la llarga són una escola que els ajuda a aprendre noves maneres de delinquir.

3. Les penes que els jutges imposen són massa lleus i no serveixen per a la reinserció social.

4. La lentitud en el funcionament del sistema judicial és culpa dels jutges i dels advocats.

5. La policia està molt desencisada, perquè veu que els jutges i els fiscals deixen gairebé sempre lliures els detinguts al cap de poques hores, malgrat que han estat enxampats *in fraganti*.

6. Molts delinqüents estrangers vénen a Espanya perquè és un país on és fàcil cometre delictes i que no t'enganxin.

7. La major part dels delictes els cometen immigrants sense papers que no volen treballar.

8. No hi ha la col·laboració necessària entre fiscals, jutges i policies; cada un va pel seu compte.

9. La major part dels casos acaben en sentències absolutòries per falta de proves. Hi ha molts errors en els procediments.

10. Denunciar un delicte no serveix de res; només provoca maldecaps i pèrdua de temps al que s'atreveix a fer-ho.

Déu n'hi do, si això fos cert! Però, per sort, no ho és. Si més no, del tot.

Les conclusions de l'estudi, emparades per una multitud de dades objectives estadístiques, ens demostren que la justícia espanyola és una de les més dures d'arreu d'Europa. Si comparem els delictes més freqüents, com per exemple els furts i els robatoris amb força, el Codi penal imposa una pena mínima de sis mesos fins a dos anys de presó, quan a la majoria de legislacions occidentals la sanció és d'una multa o treballs en benefici de la comunitat.

Tots els delictes de caràcter patrimonial, com estafes, aixecament de béns i apropiacions indegudes, tenen una pena prevista de dos a cinc anys de presó, similar a molts estats europeus.

La resposta penal als delictes violents va des dels tres fins als deu anys de presó, llevat dels assassinats i les agressions sexuals, que es castiguen amb penes de fins a vint anys, acumulatives en funció del nombre de víctimes. La comparativa amb la resta de països de la Unió Europea demostra que no ens apartem pas de la mitjana.

La conclusió final és òbvia: som més durs en el càstig dels il·lícits menors, i, si fa no fa, iguals en els delictes greus.

Quant a les garanties processals, és cert que, des de la Transició democràtica, el Tribunal Constitucional espanyol s'ha convertit en un dels més exigents a l'hora d'admetre la validesa de les proves incriminatòries. Tanmateix, aquesta interpretació extensiva del dret a la presumpció d'innocència no provoca pas gaires revocacions de condemnes, llevat que el jutge sentenciador hagi vulnerat sense motiu algun dret fonamental de l'acusat, com ara el de defensa, a un judici just, a la intimitat domiciliària, el secret de les comunicacions o el de presentar proves de descàrrec.

És a dir, la causa de la nul·litat de la condemna sovint es troba més en la feina mal feta pel fiscal o el jutge que no pas en l'excés de garanties.

En qualsevol cas, potser és bo que la ciutadania sàpiga que l'índex de condemnes és d'un 87,6% dels casos que arriben a judici, i que només un 9,8% d'aquestes condemnes són revocades per un tribunal superior, gairebé sempre per insuficiència de les proves de càrrec.

Aquestes dades, perfectament conegudes pels comandaments policials encarregats de la seguretat pública i difoses entre els agents, ens permeten, alhora, respondre el clixé d'un suposat malestar entre les forces de l'ordre públic. Puc afirmar que, en general, la relació entre jutges i policies és plenament respectuosa i àdhuc cordial. Ambdós col·lectius som conscients que treballem per assolir el mateix objectiu i que cal que ho fem junts en la mateixa direcció.

Des que la competència plena i preferent en l'àmbit de la seguretat pública va ser assignada al cos de Mossos d'Esquadra, ara ja fa gairebé vint anys, l'eficàcia i la qualitat de la feina feta no ha parat de créixer.

Vull ser sincer amb el lector, i per això no li amagaré que no sóc totalment imparcial en aquesta qüestió. Des de l'any 2000, he compaginat la meva funció jurisdiccional amb la docència a temps parcial, única activitat que la llei considera compatible, atesa la posició institucional dels jutges.

I una part important d'aquesta tasca pedagògica l'he duta a terme a l'Escola de Policia de la Generalitat, és a dir, a l'acadèmia on es formen les noves promocions de funcionaris policials de Catalunya, siguin mossos o policies locals. L'assignatura que els he impartit sempre ha estat la de Deontologia Policial i Drets Humans. No cal dir que, el primer dia de classe, començo recordant-los que «el fi mai no justifica els mitjans, i que si infringeixen la llei per obtenir resultats, encara que siguin satisfactoris, se'ls exigiran responsabilitats». Sóc, per tant, jutge i part, ho admeto. I me'n sento orgullós.

He de dir amb tota sinceritat que he pogut comprovar de primera mà, durant tots aquests anys, com treballa l'equip de professors, malgrat la minsa retribució econòmica. Ja se sap que això d'ensenyar actualment no està gaire valorat. He verificat personalment que les matèries formatives que s'imparteixen en el programa —tant teòriques com pràctiques— estan considerades per la International Police Association (IPA) com les de millor nivell acadèmic, fins al punt que cada any vénen becats, pels seus respectius governs, grups de policies de diversos països europeus a fer cursos intensius d'especialització i ampliació de coneixements. I, finalment, he constatat que l'índex d'incidències negatives en un cos format per més de 17.000 agents és un dels més baixos de tot Europa.

Conec, doncs, prou bé aquest camp i puc dir als ciutadans que, llevat de comptades excepcions, el respecte pels seus drets fonamentals, la seva llibertat i la seva dignitat estan garantits.

Evidentment, en tot cistell hi ha alguna *poma podrida*, però poden estar segurs que la corrupció o l'abús de poder policial no són, ni de lluny, un problema important en la nostra societat.

I també puc garantir que, quan algun dels implicats comet una infracció i s'excedeix en les seves funcions legítimes, els mecanismes interns de control funcionen i depuren les responsabilitats disciplinàries adients. No sempre amb l'encert i la celeritat que caldria, com ens demostren el cas de les ferides sofertes per la senyora Esther Quintana (presumptament per una pilota de goma disparada per un agent de la BRIMO) o el més recent cas Raval, on una persona va morir d'una aturada cardíaca després de ser immobilitzat i colpejat per uns mossos d'esquadra que el van haver de separar d'un altre ciutadà amb qui s'estava barallant violentament.

No és bona massa precipitació a l'hora de buscar culpables, però tampoc massa lentitud o manca de transparència, atès que genera confusió i sospites en l'opinió pública.

Indignació davant la inseguretat ciutadana: el fals binomi immigrant = delinqüent

L'atzar i la mala sort també tenen un paper en la història, i per això no es pot dir mai allò de «a mi no em passarà». Oi tant, que passa! En aquesta vida, tot és possible.

A qui no li ha succeït estar en el lloc equivocat i en un moment inoportú? I qui no s'ha trobat que, a vegades, les coses no són el que semblaven en un principi. Ningú no està exempt de cometre un error o una imprudència, i, quan això ens passa, bé que volem que se'ns reconeguin tots els nostres drets i garanties de defensa.

Per tancar aquest apartat sobre els mites i les falsedats que envolten el món de la justícia penal, deixin-me dedicar unes ratlles al binomi *immigrant = delinqüent*.

Poques afirmacions romanen tan òrfenes de veracitat com aquesta, i, malgrat tot, és una de les més esteses arreu. La por al desconegut, a qui té un color de pell diferent del nostre, uns costums que ens resulten estranys, fa que, d'antuvi, el nostre subconscient emeti un senyal d'alerta quan ens el trobem al bell mig del carrer, sobretot si és de nit i la zona no està gaire plena de gent.

Una vegada més les estadístiques contradiuen aquest prejudici que associa la persona estrangera amb el perill. Els darrers vint anys, la població immigrant extracomunitària que ha vingut a viure a l'Estat espanyol s'ha multiplicat per cinc. Tanmateix, com és prou conegut, aquesta tendència s'ha aturat de cop des de l'any 2008, com a conseqüència de la greu crisi econòmica que ens afecta.

Doncs bé, l'índex de delictes greus comesos per aquest col·lectiu fàcilment identificable per les seves característiques físiques, en especial sud-americans, magrebins i procedents de l'Europa de l'Est, no ha augmentat de manera significativa.

Dels gairebé 10.500 presos que hi ha en els onze centres penitenciaris de Catalunya, continuen essent un residual 7,5%; és a dir, gairebé el mateix nombre d'interns que els qui gaudeixen de la nacionalitat espanyola. No els amagaré pas que, si centrem la nostra atenció en els delictes lleus contra la propietat, les dades també ens demostren que més del 47% dels detinguts són individus extracomunitaris. Però aquesta forta incidència delictiva té unes arrels molt clares que, policies, jutges i fiscals, coneixem prou bé.

Hi ha tres factors coadjuvants que expliquen l'elevat nombre de detinguts estrangers com a autors de delictes de robatori amb força, furt, estafa, baralles amb resultat de lesions no greus, etc. El primer es troba en la situació d'exclusió social d'una part important d'aquest col·lectiu, precarietat que els empeny a cometre petits delictes per anar sobrevivint. El segon està relacionat amb la manca d'arrelament familiar i laboral, sobretot a partir de l'augment de la població en atur (27%) dels darrers anys. I el tercer té a veure amb la facilitat amb què són descoberts quan infringeixen la llei, atès que els protocols policials estan pensats per vigilar de manera especial les persones amb signes externs identitaris diferents dels nostres, i, tot sovint, no tenen cap lloc segur on amagar-se.

De ben segur que el lector haurà copsat ja que no estic tractant pas de justificar-los. Res no autoritza una persona a cometre un delicte, encara que sigui de naturalesa lleu. Però, si volem ser justos, cal admetre determinades veritats objectives que ens ajuden a entendre per què passen les coses. Comprendre no és justificar ni perdonar, i menys encara atorgar carta d'impunitat. Cal, tanmateix, respondre amb equitat.

Pena de mort i cadena perpètua

No voldria tancar aquest capítol sense una referència a la reforma penal anunciada pel ministre de Justícia, que, si res no l'atura, serà vigent a tot l'Estat espanyol a partir d'aquest any 2014: la instauració de la cadena perpètua, batejada al nostre país amb l'eufemisme de *presó permanent revisable*.

Cal recordar que aquesta possibilitat va començar a ser debatuda al Congrés dels Diputats i als mitjans de comunicació l'any 2009, a causa del cas Mari Luz. El seu pare, Juan José Cortés, va reclamar públicament que el Govern modifiqués el Codi penal per tal d'introduir-hi la pena de mort quan la víctima fos un menor d'edat i el crim consistís en assassinat o violació. La seva petició no va ser atesa, però sí que va provocar un encès debat polític i jurídic, culminat l'any 2012 amb la promesa del ministre Ruiz Gallardón que, abans d'un any, el Govern del Partit Popular aprovaria una reforma penal amb inclusió de l'esmentada cadena perpètua, això sí, revisable.

Anem a pams, i, sobretot, deixem les emocions viscerals a banda si volem avançar una mica més enllà del legítim crit d'ira que aquests crims tan execrables provoquen en qualsevol ésser humà mínimament sensible.

Segur que tots estarem d'acord que, si fóssim els pares d'aquella nena, hauríem reaccionat igual o de manera molt similar. La raó no entén de sentiments!

No podem, doncs, recriminar res al senyor Cortés ni als pares de la també menor Marta del Castillo, que, malauradament, l'any 2010 es van trobar en una situació semblant.

Però les persones a qui el dolor no ens colpeja tan directament, i sobretot els juristes, estem obligats a mesurar la nostra resposta si no volem caure en el parany que —encara avui— pateixen tots els països on la pena de mort està legalitzada.

Mereixen morir Santiago del Valle i Miguel Carcaño? La justícia els ha declarat culpables de la mort, la desaparició i l'abús sexual de Mari Luz i Marta, respectivament. El tribunal els va condemnar a penes d'entre vint-i-dos i trenta anys de presó, sense dret a cap benefici penitenciari. No oblidem que, si haguessin estat jutjats una vegada en vigor l'esmentada reforma, sens dubte els hauria caigut la cadena perpètua.

Com hem de valorar aquest fet sense pecar d'indulgents ni de massa autoritaris? Potser algunes de les següents reflexions ens hi poden ajudar.

Deixeu-me que acabi donant unes dades sobre l'aplicació de la pena de mort als EUA, que, com tothom sap, és legal en gairebé la meitat dels estats federats, en la modalitat d'injecció letal o cadira elèctrica.

A les presons nord-americanes, al final de l'any 2010 hi havia un total de 2.759 condemnats a la pena capital. El 67% eren persones d'ètnia hispana o afroamericana, malgrat que no representen més del 35% de la població total, amb majoria blanca. Als centres penitenciaris, ja s'havien executat un total de 1.415 persones des del 1980 fins llavors.

Afortunadament, en aquests darrers tres anys, només a l'Estat de Texas s'ha complert la sentència en els seus propis termes; en concret, nou condemnats que romanien des de feia més de quinze anys aïllats en una cel·la de l'anomenat *corredor de la mort.*

La primera cosa que ens ha de fer pensar una mica és quins han estat els motius perquè tota la resta de governadors estatals aprovessin fa anys lleis de suspensió temporal de les execucions. La resposta és clara i esgarrifosa. Els últims vint anys, 137 condemnats que també esperaven la fatídica data d'execució han estat alliberats pel Tribunal Suprem dels Estats Units, ja que la revisió exhaustiva dels casos ha demostrat que les proves que al seu dia van servir per declarar-los culpables d'assassinat en primer grau eren errònies.

Un recent estudi fet per la Law Witness to Innocence, una ONG de Filadèlfia que lluita per l'abolició de la pena de mort, palesa que aquests ressuscitats del club dels moribunds mai no tornaran a tenir una vida normal. El trauma que arrosseguen després de tants anys en règim de reclusió aïllada, malgrat ser conscients que no havien comès el delicte que els havia portat fins aquí, els ha provocat unes seqüeles psíquiques irreversibles.

El Tribunal Suprem Federal va ordenar que l'Administració de Justícia els indemnitzés pels anys de patiment injust, però cap indemnització pot esborrar aquell calvari. Shujaa Graham, Derrick Jamison i Greg Wilhoit són només tres d'aquells infortunats.

L'únic avantatge que té la cadena perpètua, comparada amb la pena de mort, és la seva possible cancel·lació si hi concorren algun dels tres requisits legals que recull la legislació internacional.

El primer supòsit seria quan es troba el vertader culpable del crim pel qual una altra persona ja està complint condemna. La prova d'aquest error ha de ser irrefutable i, per tant, no n'hi ha prou que apareguin nous testimonis o el mateix presumpte autor confessi. La via adequada és un recurs extraordinari de revisió que anul·li l'anterior condemna i ordeni el processament del nou individu.

La segona possibilitat rau en l'aportació davant del tribunal d'una prova pericial tècnica que, més enllà d'un simple càlcul de probabilitats, demostri fefaentment que el condemnat no va ser l'autor del crim. Es tracta de proves biològiques d'ADN, empremtes dactilars, cintes audiovisuals i altres documents que les noves tecnologies permeten verificar si són autèntics i no han estat manipulats.

El tercer cas seria quan el condemnat pateix una degeneració cognitiva progressiva, fins al punt que arriba un moment que ja no és capaç d'entendre per què roman tancat en una presó. La llei preveu que, si això succeeix, el reu ha de ser traslladat a un centre psiquiàtric residencial, on serà tractat com un pacient més.

Llevat d'aquests tres incidents, la cadena perpètua consisteix en un compliment indefinit de la privació de llibertat. És a dir, que el condemnat no sap quan podrà sortir al carrer en règim de llibertat condicional.

Cal aclarir molt bé aquest tema jurídic, atès que la noció que en té la gent és força parcial. Són molts pocs els països que, quan un tribunal ha imposat aquesta condemna, la fan complir fins que el pres es mor. Els EUA, Rússia i la Xina són tres dels països més rígids en aquest àmbit.

La majoria dels estats democràtics europeus que encara tenen prevista la cadena perpètua en la seva legislació interna, com França i Anglaterra, també preveuen un sistema molt precís de revisió substitutiva.

En síntesi, una vegada complerts vint-i-cinc anys de reclusió continuada, l'equip de tractament del centre on roman ingressat el reu fa un informe molt complet del seu comportament i dels resultats dels programes a què s'ha sotmès durant la seva estada, l'avalua i eleva una proposta a la Junta penitenciària. Després d'una entrevista personal amb l'afectat, aquest òrgan col·legiat (format per un jutge, un criminòleg, un psicòleg i un treballador social) decideix si ha de continuar complint condemna o ja no és necessari.

En cas de denegació, aquest procés es repeteix cada any, i, per tant, són molt pocs els condemnats que compleixen més de trenta anys de presó efectiva, atès que la Junta els concedeix un règim de semillibertat preparatori per a la futura llibertat condicional.

Aquesta darrera fase es considera com una mesura substitutòria alternativa de compliment, ja que, si el beneficiari incompleix qualsevulla de les obligacions que se li imposen, es revoca immediatament el nou sistema i se'l torna a classificar en règim tancat.

Algunes d'aquestes mesures cautelars consisteixen a dur posat permanentment un dispositiu GPS de control de moviments al canell o al turmell; gaudir de feina a l'exterior; sotmetre's a controls analítics de sang i orina quan el delicte estava relacionat amb el consum abusiu de drogues o alcohol; prohibició de canviar de domicili sense permís judicial previ; tornar a dormir a la presó els caps de setmana, o efectuar visites programades amb els psicòlegs penitenciaris.

Evidentment, no cal dir que, si el reu torna a cometre un nou delicte, sigui quin sigui, aprofitant la seva situació excepcional de llibertat condicional o vigilada, perd automàticament el benefici i torna al règim ordinari d'internament.

La presó permanent revisable que recull la reforma del Codi penal vigent, aprovada gràcies a la majoria absoluta del Partit Popular en seu parlamentària, recull algunes d'aquests condicions, però no fixa cap protocol clar de revisió de la pena. Aquesta indefinició ha estat molt criticada pels juristes i també pel mateix Consell General del Poder Judicial. Tanmateix, el ministre de Justícia sembla que no està disposat a fer cas de les recomanacions que se li han fet arribar.

Hauran de ser, una vegada més, el Tribunal Constitucional i, en el seu cas, el Tribunal Europeu de Drets Humans, els organismes que, d'aquí a uns anys, li esmenin la plana.

IV. La gula

> Al món sempre hi haurà bons i dolents. És trist, però, que els bons sovint són aquells que voldrien fer el que fan els dolents, però no s'hi atreveixen.
>
> PLATÓ

Pot semblar estrany, però, malgrat el seu aparent desprestigi social, la justícia és un pastís molt cobejat. I, com el lector podrà comprovar en aquest capítol, es tracta de veure qui se'n menja una part més gran, atès que en aquest país hi ha molts afamats esperant torn.

Tot sovint, però, no és tan sols que tinguin gana de més poder, puix que qui ja en té sempre en vol més, sinó que, per damunt de tot, no volen que els altres puguin controlar el que mengen. I, si les coses van mal dades i cal fer règim, tant se val. La qüestió és que ningú els passi al davant. Es repeteix una vegada i una altra la dita popular «del gos de l'hortolà, que no menja ni deixa menjar».

Assolir una posició de domini és clau si es volen tenir opcions al repartiment del pastís, i per això gaudir d'accés a una cadira a la taula esdevé una de les coses més buscades per alguns jutges i fiscals al llarg de la seva carrera. Parodiant el gran mestre del cinema Marco Ferreri, director del film *La grande bouffe*, protagonitzada pels insuperables Marcello Mastroianni i Michel Piccoli, podríem dir que els convidats fan cua tot esperant ser admesos a l'olimp del poder judicial. No cal dir que en el decurs d'aquesta espera, les travetes i les ganivetades simbòliques dirigides a fer trontollar els companys més ben situats són el pa de cada dia. I els puc assegurar que, a l'hora d'escollir les armes, als aspirants no els manca pas imaginació. Tot és vàlid si serveix per a l'objectiu de desprestigiar el que s'interposa en el camí.

Se'm podrà dir que, al cap i a la fi, això mateix es pot predicar d'altres col·lectius professionals, com el món acadèmic, els polítics o els artistes. No ho poso en dubte, però no em negaran que és especialment reprovable en un àmbit com la judicatura, on l'autoritat ètica i moral hauria de ser un exemple de comportament individual.

Una plaça al Tribunal Constitucional, al Tribunal Suprem o al Consell General del Poder Judicial són béns escassos, i, per tant, molt preuats. Tenir els contactes adients i ser creditor d'algun favor prestat d'antuvi als alts càrrecs del Ministeri sempre ajuda a estar en primera línia quan es doni el tret de sortida. I, si no, que li ho diguin al magistrat Enrique López, recentment designat magistrat del Tribunal Constitucional per a sorpresa i indignació de la immensa majoria del col·lectiu jurídic i de tots els grups parlamentaris, llevat del PP és clar.

Poc conegut per l'opinió pública, el nom d'aquest jutge va començar a tenir ressò en el món judicial al final de la primera dècada d'aquest segle XXI, quan el Partit Popular el va incloure en la terna parlamentària per a la renovació de l'anterior Consell General del Poder Judicial, el mandat quinquennal del qual havia acabat feia mesos. Amb vint anys d'antiguitat en la carrera judicial —va aprovar les oposicions l'any 1990—, el seu bagatge professional es limitava a diversos càrrecs com a assessor jurídic del Ministeri de Justícia, després d'haver ocupat un jutjat de primera instància i instrucció com a primer destí, al capdavant del qual va romandre menys d'un any. Això sí, una titularitat que sembla que va ser poc profitosa, ja que les estadístiques judicials que es publiquen cada any recullen que només va dictar un total de 64 sentències, quan la mitjana és d'unes 400 anuals. En fi, tot un exemple de laboriositat, com podeu comprovar.

Malgrat aquest espectacular currículum, amb l'aval de la gent adient va accedir al càrrec de vocal del Consell General del Poder Judicial, i àdhuc en va ser nomenat portaveu. És a dir, l'encarregat de transmetre als mitjans de comunicació les decisions del ple.

I a fe de Déu que ho va fer a plena satisfacció dels que l'havien designat, durant els cinc anys llargs del seu mandat, ja que d'afegitó a aquella tasca de representació delegada, es va dedicar sovint a opinar pel seu compte cada vegada que li posaven un micròfon al davant sobre multitud de temes de l'actualitat política i ideològica, sempre amb un contingut inequívocament conservador.

Hom coincideix a considerar-lo especialment retrògrad en tot allò que afectava la legislació aprovada durant l'època de Govern socialista, com la Llei dels matrimonis homosexuals, la Llei de l'avortament, el projecte de reforma del testament vital (dret a morir dignament i eutanàsia), i, no cal dir-ho, les reclamacions sobiranistes procedents de Catalunya i Euskadi, que considera inadmissibles i il·legals.

Tot i aquests precedents sectaris, quan al començament de l'any 2012 va expirar el mandat de quatre dels magistrats del Tribunal Constitucional, el seu nom sempre va ser a les llistes dels candidats proposats pel PP. Malgrat tot, en la primera renovació parcial no va poder satisfer els seus desitjos, atès que el PSOE el va vetar reiteradament fins al punt de bloquejar una de les places que s'havien de cobrir, que ha romàs deserta durant gairebé dos anys. Una situació que no té precedents en el marc constitucional europeu. Finalment, però, les expectatives més pessimistes s'han complert i el mes de juny del 2013 va arribar al cim, aprofitant l'actual majoria absoluta del Partit Popular que li dóna suport.

Majoria que, tanmateix, va estar a punt de ser insuficient per evitar un fet insòlit en la història judicial espanyola.

Quan, a mitjan mes de juliol del 2013, l'anterior president del Tribunal Constitucional, el senyor Pascual Sala, va fer el discurs de comiat a la sala de plens i davant del ministre de Justícia, va dir que havia fet tots els esforços necessaris per tal d'evitar que el Tribunal Constitucional acabés sent una institució polititzada, i, amb més o menys encert, va defensar que creia haver-ho aconseguit.

Ningú dels presents no se'l va creure, i en el món judicial s'ha comentat força que és difícil comprendre com un jurista del seu prestigi va acceptar obeir la decisió del Senat —actualment impugnada davant del Tribunal Suprem— relativa al nomenament del magistrat López, atès que no complia el requisit legal d'exercici de la jurisdicció efectiva durant més de quinze anys.

Per a aquells lectors que no ho recordin, tres dies abans de l'acte solemne de jurament del càrrec, el Ple del Tribunal Constitucional s'havia reunit d'urgència a petició de cinc dels seus membres. Volien sotmetre a debat la idoneïtat del candidat (suficiència jurídica) i la legalitat del seu nomenament parlamentari. La discussió va ser de les que no s'obliden, amb un enfrontament radical entre els cinc magistrats considerats conservadors —a favor de la proposta del legislatiu— i els cinc etiquetats com a progressistes —en contra—. La disputa només es va poder resoldre gràcies al vot de qualitat del president senyor Sala, qui, en última instància, va decidir acatar la terna elevada pel Govern, tot al·legant que el rebuig del candidat López suposaria un conflicte de proporcions incalculables entre els poders executiu i legislatiu amb el judicial.

Potser no va tenir prou en compte que l'actual Tribunal Constitucional —format des de llavors per vuit conservadors i tres progressistes— serà l'encarregat de resoldre més d'un centenar de recursos interposats pel Partit Popular, el PSOE i Convergència i Unió, molts dels quals fan referència a les lleis aprovades pels parlaments estatal i autonòmics que afecten llurs recíproques competències.

La decisió va ser ratificada en la interlocutòria de 17 de setembre del 2013 del Ple, que considera que no és causa d'abstenció la militància del president del tribunal en un partit polític atesos la seva professionalitat i el seu prestigi jurídic.

Si el prestigi i la independència del màxim òrgan constitucional estaven ja prou qüestionats, ara les seves decisions —siguin quines siguin— difícilment seran acatades i executades pels seus destinataris, com recentment va matisar un dels pares de la Constitució que encara és viu, el jurista Miquel Roca Junyent.

Amb aquest cop d'ull inicial, el lector haurà començat a comprendre per què i com s'arriba a la cúpula de la judicatura, lloc on —per cert— jo ja sé que mai no arribaré. Què hi farem! Cadascú té el seu destí i qui no s'hi conforma està ben llest.

Si al lector li sembla bé, ara analitzarem una de les claus d'aquesta especial manera de promoció i ascens dins la carrera judicial. Comencem per l'ús adequat de les relacions amb determinats mitjans de comunicació, veritable quart poder de l'Estat.

Com es poden imaginar, els jutges no sempre som el que semblem. Les aparences enganyen. A vegades la imatge que es transmet d'algun de nosaltres no és tot l'objectiva que caldria, ni òrfena de motivacions espúries. D'altres, es busca directament enfonsar o enaltir l'afectat, segons el que convingui. I això pot acabar definint el futur professional, i àdhuc personal, d'alguns.

Vegem alguns dels casos més rellevants, més enllà de Garzón, a qui ja hem dedicat prou atenció en el primer capítol d'aquest llibre.

Els mitjans de comunicació: el quart poder

Per entendre-ho, cal analitzar el paper que alguns mitjans de comunicació, veritable quart poder de l'Estat, tenen en la projecció personal dels jutges, que, per una o altra raó, adquireixen un determinat protagonisme mediàtic.

És cert que massa sovint les resolucions judicials són sorprenents i omplen els titulars dels diaris, les ràdios i els telenotícies. Els periodistes, ja se sap, es regeixen per aquella vella dita «no deixis que la veritat t'espatlli una bona notícia», i s'afanyen a destacar l'aparent manca de sentit comú de la sentència que els ha cridat l'atenció. Posen èmfasi, és clar, en la incomprensió de la ciutadania davant d'aquests decisions jurídiques. La notícia, però, s'acaba convertint en una crítica a la poca sensibilitat i connexió amb la societat a la qual els jutges hem de servir. I, si s'escau, s'aprofita per denigrar l'autor de la resolució, llevat que el seu perfil professional coincideixi amb la ideologia del mitjà que parla d'ell.

Com acostuma a passar en gairebé tot en aquesta vida, sovint ni el periodista tenia tota la raó ni el jutge devia estar especialment afortunat a l'hora d'escriure els motius de la seva decisió. La causa d'aquesta disfunció roman, al meu modest entendre, en la convicció molt estesa en el món judicial que nosaltres no hem de donar explicacions a ningú, que per això la llei diu que som independents, i que, si ens equivoquem, ja hi ha els tribunals superiors per corregir-nos per la via dels recursos que la mateixa llei preveu.

No és que ho hagin oblidat, sinó que alguns dels meus companys de professió no volen admetre que administrar justícia no és només exercir un poder estatal. De manera inseparable a aquesta funció, hi ha la de servir el poble. És el que els romans en deien *autoritas i potestas*, que significa fer complir la llei a tothom, però sense excessos vers ningú.

Sempre he dit, i tinc algun col·lega que m'ho recrimina cada vegada que em veu, que en una democràcia és molt bo que els jutges sortim a les notícies, tant si és per criticar-nos com per defensar-nos. Ara bé, la queixa ha de ser sempre respectuosa en l'àmbit institucional i constructiva en l'àmbit d'opinió, molt lluny del que a vegades passa en determinats mitjans de comunicació, més ofuscats a fer públiques determinades qüestions personals del jutge que no pas a analitzar el contingut de la seva sentència que ha generat aquella sorpresa desconcertant.

La desqualificació individual i les al·lusions a dades que no tenen res a veure amb el cas concret que ha provocat la notícia d'interès general provoquen una actitud reactiva per part de molts lectors, en el sentit de considerar que les dades personals potser influeixen de manera directa en les nostres decisions jurídiques. Llevat de casos comptats, no és pas així.

La primera cosa que aprèn un fiscal o un jutge és a no interposar mai la seva opinió personal contra l'aplicació de la llei. Això no vol pas dir, ja n'he fet esment més amunt, que en la completa tasca d'interpretar la norma general per tal d'aplicar-la de manera justa al cas concret, no tinguem en compte consideracions subjectives, però alhora tenim el deure d'explicar per què en aquest supòsit real la manera més adient en dret de resoldre el conflicte és precisament aquesta i no cap altra. Motivació i discrecionalitat reglada són conceptes molt diferents de l'arbitrarietat orgullosa que alguns practiquen.

Un dels casos que reflecteixen més bé aquesta dualitat antagònica va ser el del jutge Ferrín Calamita, titular fins a l'any 2009 d'un jutjat de família de Múrcia. De fet, amb aquest cognom sembla clar que la seva sort estava predestinada!

Home de profundes conviccions religioses, fins al punt que va reconèixer públicament ser membre no honorari de l'Opus Dei, dictava sovint sentències desestimatòries de la demanda de separació o divorci que els ciutadans presentaven al seu jutjat, a vegades signada àdhuc de comú acord i amb un conveni regulador pactat respecte del règim de visites, custòdia dels fills menors d'edat i repartiment de béns materials. No cal dir que la Sala Civil de l'Audiència Provincial li revocava totes aquelles resolucions mancades de motivació jurídica, atès que centrava el rebuig de la mesura legal en arguments com «el matrimoni eclesiàstic és indissoluble, digui el que digui la llei, i l'home no pot separar allò que Déu va unir».

Aquella barreja d'arguments juridicomorals va motivar nombroses queixes dels afectats, fins que el Servei d'Inspecció del Consell General del Poder Judicial va decidir incoar-li un expedient disciplinari. No van arribar a temps d'imposar-li cap sanció, atès que el Tribunal Suprem el va processar (he de recordar que els jutges tenim un estatut d'aforats) per delicte de prevaricació, és a dir, per dictar resolucions injustes amb ple coneixement de la seva il·legalitat.

El procediment concret que va motivar aquella dràstica mesura va ser una resolució en la qual es negava a continuar tramitant un expedient judicial d'adopció d'una nena per part de l'esposa legal de la mare biològica. Tot considerant que el matrimoni entre dues persones del mateix sexe era un pecat mortal, i malgrat que la parella s'havia casat pel civil a l'empara de la llei reguladora dels matrimonis homosexuals, va arxivar el cas amb la denegació de l'esmentada adopció, ben conscient que estava infringint la llei.

És un cas extrem de fanatisme ideològic que, afortunadament, no es produeix gaire sovint, però, com veurem més endavant, són massa els casos en què la ideologia —social o política— s'interposa en les decisions judicials quan afecten determinades elits. En tot cas, serveixi d'exemple de com poden arribar a influir els mitjans de comunicació en el futur d'un jutge, per a bé i per a mal. Estic plenament convençut que si no hagués estat per la difusió de les queixes que l'actuació de l'excompany Calamita estava provocant, avui encara continuaria dins la judicatura. No sé què se n'ha fet actualment, però no crec que tingui gaire èxit professional com a advocat, sobretot si es dedica al dret de família.

Molt diferent va ser el cas del magistrat Javier Gómez de Liaño, com veurem més endavant, que també va acabar expulsat de la carrera judicial quan era un dels jutges més famosos de l'Audiència Nacional, però actualment és un dels advocats més sol·licitats de Madrid, com ho demostra l'encàrrec que li ha fet el senyor Bárcenas per tal d'assumir la seva defensa.

De fet, a mi no em va sorprendre gens el canvi de lletrat, atès que Gómez de Liaño sempre ha estat molt amic de l'expresident Aznar i de la FAES, actualment enfrontats en una soterrada baralla interna amb el grup que dóna suport al president Rajoy i a Dolores de Cospedal, portaveu del PP. En fi, ja se sap, coses de família. Ahir tots tan amics i avui no es poden ni veure.

A hores d'ara, el sofert lector que hagi arribat fins aquí ja haurà copsat que aquest capítol no va pas de *gula* gastronòmica, sinó de fam de poder i de les interferències ideològiques en la justícia. Diuen, però, els que l'han tastat, que el poder també engreixa.

Els hàbits alimentaris dels jutges, advocats i fiscals formen part de la seva vida personal, i no em semblaria escaient fer-ne cap comentari, tot i que a algun d'ells no li aniria gens malament una mica més de mesura en el menjar, o a l'hora de fumar puros. Segur que tothom recorda aquella imatge a bastament difosa per televisió de tres magistrats del Tribunal Constitucional (sí, aquells que van decidir que l'Estatut de Catalunya votat per una gran majoria de ciutadans i aprovat en seu parlamentària no s'ajustava a la Constitució espanyola, i que li van acabar de passar el ribot fins al punt que ja no el coneix ni el Parlament català que el va parir) asseguts a la llotja de la plaça de braus de Madrid, amb el seu cigar havà a la boca, mirant embadalits la *faena* del torero.

Una altra magistrada que també s'ha distingit per la seva peculiar manera de relacionar-se amb els mitjans de comunicació és Ángela Murillo, presidenta de la Sala Penal de l'Audiència Nacional. Es veu que treballar en aquella seu de la plaça de Castilla atorga caràcter. A vegades massa i tot.

L'any 2011 s'hi celebrava un judici amb gran repercussió mediàtica. Es tractava de l'enjudiciament d'Arnaldo Otegi per enaltiment del terrorisme d'ETA.

En un intent d'acontentar la parròquia assistent a la vista oral, i decidida a demostrar qui manava allí, la magistrada Murillo s'havia dirigit tota l'estona al senyor Otegi amb un to prepotent i despectiu, en senyal inequívoc del menyspreu personal que sentia vers les activitats polítiques de l'acusat. Després de dues hores d'interrogatori del Ministeri Fiscal, Otegi va demanar a la presidenta del tribunal si li podien donar un got d'aigua. La resposta literal va ser: «*por mi como si bebe vino*». I aquí no va acabar tot. Davant la queixa respectuosa de l'afectat, li va etzibar «*no se le ha entendido ni papa*», cosa que va generar una riallada entre el públic.

No sé si la companya Murillo està fent mèrits per al seu més que probable futur ascens, però sí que tinc clar que, quan som a l'estrada d'un tribunal de justícia, els jutges ens hem de comportar amb una educació i un respecte molt allunyats d'aquesta anècdota. Aprofitar la posició de domini —real i escènic— vers un acusat o un testimoni per humiliar-lo esdevé impropi de qui està exercint una funció pública tan rellevant com és la de jutjar amb equanimitat els altres.

Potser la prepotència xulesca que demostren aquelles paraules pot ser admesa en una conversa de bar, però és impròpia d'una representant de la justícia. Ni èticament ni estèticament no podem admetre comportaments similars. No recordo, però, que el Consell

General del Poder Judicial li imposés cap sanció per l'evident manca de consideració vers un ciutadà, el qual, cal no oblidar-ho, fins llavors encara gaudia del dret fonamental a la presumpció d'innocència, ja que tot just se l'estava jutjant.

Justícia i política, una història inacabable

Sens dubte, el que més mal ha fet a la nostra imatge professional ha estat la progressiva politització del sistema, però en aquest sentit he de dir molt clar que ni tots els òrgans judicials ni tots els jutges pateixen aquest càncer. Hi ha dues justícies que cal diferenciar molt clarament si volem ser curosos.

Començaré per la part positiva de la qüestió, com aquells acudits que diuen: «Quina part de la notícia, la bona o la dolenta, vols que t'expliqui primer?». Llàstima, però, que en aquest àmbit la realitat i la broma es confonguin massa sovint.

Fa pocs mesos, la Sala Contenciosa Administrativa del Tribunal Suprem va anul·lar el nomenament de dos membres del Tribunal de Comptes de l'Estat per manca de motivació de la designació i minso prestigi dels nominats. Abans de res, deixeu-me aclarir que aquest darrer organisme no en té res de tribunal, ja que la seva funció es limita a controlar des de l'àmbit administratiu els comptes dels partits polítics. És a dir, que els ingressos i les despeses s'ajustin a la legalitat.

Home, d'entrada, molt bé no la devien fer la seva feina, atès el que es coneix ja del cas Bárcenas sobre presumpte finançament irregular del PP, i del cas ERE sobre desviament de diners públics a la Junta d'Andalusia, en aquest cas imputat al PSOE.

Els seus membres són elegits pel Congrés dels Diputats i el Senat, és a dir, les dues cambres parlamentàries on els dos partits polítics majoritaris gaudeixen d'àmplia majoria. Des de la Transició democràtica, s'ho van alternant el PP i el PSOE sense que la resta de partits minoritaris hi tingui res a rascar.

De fet, tot i que pot semblar sorprenent, és el típic cas del pastor que posa el llop a guardar les gallines. El cas, però, és que aquestes gallines són molt amigues del llop. Irreal? No, tan verídic com absurd!

Dues dades ens permetran albirar com funciona el sistema, d'altra banda força ben explicat pel periodista Jordi Évole en un dels seus impagables programes de *Salvados*.

D'antuvi, el Tribunal de Comptes porta un retard de cinc anys, o sigui, que enguany està revisant els números de l'exercici 2008. Amb aquesta eficàcia, no és estrany que no s'adonessin del que succeïa en aquest país amb el finançament irregular dels partits abans de l'esclat de la bombolla immobiliària, sector on han proliferat els suborns i les comissions de les empreses dedicades a construir obra pública.

Tot seguit, escau tenir en compte que l'edat mitjana dels elegits és de setanta-sis anys, és a dir, gent amb molta empenta i ganes encara de treballar a fons. Està bé que l'experiència sigui un mèrit a valorar, però potser no en cal tanta! Deixar pas a juristes més joves i de prestigi seria una bona obra abans de jubilar-se. Dubto, però, que els il·lustres membres del Tribunal de Comptes llegeixin aquest llibre, i encara més que segueixin el meu consell benintencionat.

Finalment, cal recordar que aquesta ha estat la manera habitual de col·locar els diputats, els senadors i els amics que ja van deixar empremta quan ocupaven determinats escons i càrrecs polítics. És prou sabut que, en aquest camp, els favors sempre es paguen, més aviat que tard.

La independència de l'organisme és, doncs, qüestionable, com a mínim, i ha hagut de ser el mateix Tribunal Suprem —on encara queden jutges que actuen amb dignitat i d'acord amb la llei— el que ha aturat de manera radical aquest nepotisme il·lustrat. Esperem que serveixi de precedent.

Anem ara a la part dolenta de la història, per si algú s'havia confós i pensava que aquesta ja ho era prou.

Davant de la pregunta cabdal de si la justícia espanyola està polititzada o bé és la política la que està excessivament judicialitzada, sempre contesto que, com les monedes, la resposta té una cara i una creu.

La tan reclamada separació de poders —pobre Montesquieu— està ben clar que no funciona en determinats àmbits de la justícia, però fixeu-vos que he dit *determinats*. Seria molt injust, i fals, posar a tothom en el mateix sac, igual com ho és dir que tots els polítics són uns *corruptes*. N'hi ha que sí, pocs, i n'hi ha que no, molts.

Ja ho he dit abans, la política és imprescindible en una societat democràtica, i molts dels que s'hi dediquen ho fan honestament i amb il·lusió. Cal separar el gra de la palla i tractar cadascú com es mereix.

Doncs bé, com ens recordava en un magnífic article el fiscal del Tribunal Suprem, Salvador Viada, publicat a la revista de sociologia *El Ciervo* del mes de setembre del 2013, hi ha dues classes de justícia.

Una per a la gran majoria de ciutadans, és a dir, vostè. Una altra que afecta exclusivament els qui, d'una manera més o menys directa, formen part del club dels poderosos. Aquells a qui, amb el seu habitual enginy, l'escriptor i periodista Rafael Nadal anomena *els mandarins*, en referència a l'elit social integrada per financers, polítics i buròcrates d'alt nivell. Com és obvi, la primera afecta el 90% de les persones. La segona, el 9% restant.

Sí, ja ho sé que hi falta un 1% en el còmput, però és que a Espanya encara gaudim del fenomen —insòlit en altres contrades— de gent que té impunitat absoluta. I no em refereixo només al rei, que també, sinó a aquells a qui la llei (que ells mateixos han redactat i aprovat) diu que tenen un estatus jurídic privilegiat, i, gràcies a això, no poden ser imputats en un procés judicial sense l'autorització explícita dels seus companys d'escó. No és cap broma, encara que ho sembli. Per poder jutjar un diputat o senador, els seus companys de fatigues han de concedir als fiscals i jutges el permís previ.

Deixem-ho clar per si no ho ha quedat prou. Els membres del poder legislatiu (d'on surten al seu torn els ministres i alts càrrecs del poder executiu) gaudeixen del privilegi de denegar a qualsevol jutge l'autorització per imputar i processar els seus companys de classe.

No sé a vostès, però a mi no se m'acut cap raó que justifiqui aquest tracte diferenciat de la resta de mortals, llevat que sospitem que als jutges i els fiscals ens agrada perseguir injustificadament els màxims responsables del país, com si no tinguéssim cap altra feina a fer.

La realitat és prou diferent. Cada vegada que a un de nosaltres ens ha tocat la difícil decisió de demanar al Congrés un *suplicatori*, que així es diu la petició d'autorització per acusar un d'aquests aforats especials, la resolució que la motiva ha estat ratificada pel Tribunal Suprem en considerar-la justificada i ajustada a dret. Si així ha succeït fins ara, potser deu ser que no dictem aquesta mena de resolucions només per divertir-nos o posar contra les cordes els *poderosos* davant de l'opinió pública, oi?

I potser ja seria hora també de suprimir aquell privilegi, o, si més no, canviar-li el nom, atès que sembla donar a entendre que els jutges *supliquem* als polítics que ens deixin fer la nostra feina.

Doncs sembla que les coses no van per aquí. Al final de l'any 2013, més de 2.000 jutges i fiscals d'arreu de l'Estat espanyol vam signar un manifest on reclamàvem tres coses molt concretes, que, segons el nostre parer, ajudarien a millorar tant les relacions com la imatge de la justícia i la política, darrerament tan enverinades.

La primera, que es modifiqués el sistema d'elecció dels membres del Consell General del Poder Judicial, de manera que els partits polítics majoritaris —PP i PSOE— no tinguessin mai la majoria, i, per tant, acabar amb la situació actual de politització dels elegits.

La segona, que es derogués la Llei d'indult i gràcia del 1870, amb l'objectiu d'evitar que el Consell de Ministres gaudeixi de la possibilitat de *perdonar* la pena —imposada per un tribunal— als qui li convingui, és a dir, als *amics, coneguts i saludats*.

La tercera, que en la selecció dels membres del Tribunal Constitucional hi intervingui de manera vinculant la carrera judicial, i així evitar el nomenament de determinades persones sense l'adequada preparació jurídica i independència, com ara passa, fruit del pagament d'anteriors serveis prestats.

No cal dir que el silenci ha estat la resposta fins ara. I així ens va.

La justícia està polititzada, doncs? El lector segur que ja sap la resposta. Depèn de si estem parlant de la justícia que ens afecta a tots o de la que afecta els *altres*.

Per si de cas algú encara té dubtes, però, us dono algunes dades del repartiment del pastís:

1. Senyor Francisco de la Rosa, vicepresident del Consell General del Poder Judicial des del 2009 fins al 2013; antic conseller de Justícia del Govern de la Comunitat Valenciana, diputat del PP, designat per l'expresident Camps, avui separat de la política després del seu processament —amb ulterior absolució per cinc vots a quatre del jurat— pel cas de suborn anomenat «els vestits del *Bigotes*».

2. Senyor Francisco Pérez de los Cobos, actual president del Tribunal Constitucional, catedràtic de Dret del Treball, el qual, fins a l'any 2011, havia emès diversos informes jurídics sobre legislació laboral encarregats pel Partit Popular, en el qual estava donat d'alta com a militant i associat contribuent, malgrat la prohibició que recull la LOTC.

3. Senyora Beatriz Grande, adjunta a la *defensora del pueblo* Soledad Becerril, del PP, magistrada que, llevat dels primers anys —del 1990 al 2001— en què va exercir de jutgessa a diferents ciutats espanyoles, tan bon punt va poder accedir a una plaça tècnica del Servei d'Inspecció del Consell General del Poder Judicial no ha tornat a dictar cap més sentència.

La llista podria ser molt més llarga, però em sembla que ja n'hi ha prou per demostrar, amb dades empíriques, com funciona el sistema.

No és estrany, doncs, que les pàgines dels diaris hagin aparegut plenes, al llarg de tot l'any 2013, de cròniques relatives a l'adscripció ideològica cada vegada més evident dels qui ocupen els alts càrrecs judicials a què estem fent esment. Aquesta etiqueta sempre ha incomodat molt els jutges, però respon a una crua realitat.

Personalment no crec que sigui pas dolent que se sàpiga si una persona amb responsabilitats jurisdiccionals és ideològicament conservadora o progressista, atès que sempre he considerat que tan vàlida és una posició com l'altra. I tampoc no tinc cap retret a fer si l'afectat reconeix públicament a quin partit polític vota quan hi ha eleccions. Els fiscals i els jutges som ciutadans com qualsevol altre fora de la nostra feina, i tenim els mateixos drets civils i polítics. Podem, per tant, i crec que és bo, opinar sobre els temes d'actualitat, i votar qui vulguem.

No veig quin benefici comporta mantenir-ho en secret, sobretot en una societat com l'actual, on tot s'acaba sabent. Com diu la dita popular de nou, «el millor secret és aquell que coneix tothom».

El que de veritat és censurable i cal corregir és que ens aprofitem d'aquesta simpatia ideològica per assolir càrrecs públics. Sóc conscient que les constitucions de tots els països democràtics prohibeixen que militem en un partit polític concret, atesa la nostra posició institucional i la independència que ha de guiar les nostres decisions. Però això no té res a veure amb l'existència legítima de diverses formes de pensar i entendre la vida, amb el consegüent reflex a l'hora d'interpretar la llei.

Ja he dit més amunt que la seguretat jurídica és essencial en un estat de dret, i que la decisió d'un plet no pot dependre del jutjat que li toqui al ciutadà. Però això no té res a veure amb la ideologia personal del jutge.

El límit a la discrecionalitat rau precisament en la motivació explícita de cada resolució per a cada cas específic. És aquí on s'exerceix el control d'imparcialitat i s'evita la prevaricació, ja que, com hem dit també, no existeix la justícia absoluta, sinó només la del cas concret.

Precisament per això són tan importants els precedents, és a dir, la jurisprudència, perquè ens diuen com s'han resolt fins ara casos similars. Si hi estem d'acord, cal seguir la doctrina consolidada pel tribunal superior. Si en discrepem, escau decidir d'acord amb la nostra interpretació flexible de la norma, tot explicant molt bé els motius pels quals aquest cas és diferent d'altres ja resolts i per què ens apartem de la jurisprudència fixada. Serà el Tribunal Suprem qui dirà finalment si tenim raó o cal revisar la sentència.

Finalment, voldria fer esment en aquest punt de quelcom que amb massa freqüència s'oblida de dir a la gent quan es critica una resolució judicial. Es tracta del caràcter col·legiat, i, per tant, plural, dels tribunals de segona instància, els qui tenim la darrera paraula.

Tots els casos judicials comencen en un jutjat de primer nivell, en funció de si el conflicte és de naturalesa penal, civil, social o administrativa. I totes les resolucions que dicta el jutge o la jutgessa d'aquell jutjat són recurribles davant del tribunal superior per la part que no hi està d'acord.

La conseqüència és clara: el tribunal d'apel·lació és qui decideix finalment qui té la raó, i, atès que es tracta d'un òrgan col·legiat —de tres o cinc jutges, segons la matèria—, el caràcter ideològic personal de cada un d'ells té una transcendència relativa. De fet, no és gens estrany que les resolucions tinguin algun vot particular, és a dir, expressin també l'opinió discrepant del jutge que s'ha quedat en minoria, la qual cosa demostra la independència de cada magistrat a l'hora d'interpretar la llei.

Justícia i clans familiars

La classe judicial —com la militar— és força endogàmica, i per això no és gens infreqüent que jutges i fiscals formin parella, es casin i tinguin fills predestinats a fer oposicions. Recordin que en l'apartat on analitzàvem els requisits per poder accedir a la carrera, fèiem esment de la conveniència de tenir un *tutor o padrí* que servís de carta de presentació als membres del tribunal que t'examina.

Fins fa pocs anys, més del 50% dels jutges i fiscals que es presentaven per accedir a la carrera tenien algun vincle familiar amb els qui ja exercien la jurisdicció. Afortunadament, això està canviant, igual com ho fa el gènere dels aspirants. En la darrera dècada, més de la meitat són dones i aquesta dada sociològica està feminitzant molt l'escalafó, tot i que a la cúpula encara hi ha una majoria aclaparadora d'homes.

Els havia promès aprofundir una mica més en el paper de l'exjutge Gómez de Liaño, i la seva inseparable muller, l'exfiscal Dolores Márquez. Per tant, començarem per ells en l'anàlisi dels clans familiars. D'entrada no em negaran que és emotiu comprovar el repartiment de papers que han pactat amb la parella Bárcenas-Rosalía Iglesias. Ell defensa l'acusat i ella l'acusada, com si la qüestió de gènere i matrimonial fos determinant en aquest embolic de corrupció.

Si us plau, fixin-se en llurs respectives intervencions públiques quan són entrevistats pels mitjans a la sortida del centre penitenciari de Soto del Real, on roman intern en presó preventiva l'extresorer del PP. És força il·lustrativa del rol de domini. Ell en primer pla, acaparant tot el protagonisme de la càmera, i ella al darrere fent d'actriu secundària, sense dir res.

Potser aquest rol cinematogràfic té a veure amb la distinta posició que el matrimoni imputat té dins del sumari, atès que ell gaudeix del paper principal a l'hora de destapar els draps bruts del partit, mentre que ella es limita a reconèixer que no sap res de la feina i els negocis del seu espòs, que signava sense llegir tot el que ell li demanava, però, això sí, alhora afirma que no ens pensem pas que sigui *tonta*. Són paraules literals seves al jutge Pablo Ruz, no pas meves.

En fi, hi ha imatges que valen més que mil paraules.

Tampoc no em negaran que resulta xocant que —si no es coneixen els motius de fons— el senyor Bárcenas hagi escollit com a advocat un magistrat que va ser expulsat de la carrera precisament per prevaricar, és a dir, per saltar-se la llei intencionadament i amb mala fe, amb l'objectiu de poder perseguir el qui l'any 2005 era un dels homes més influents de l'Estat espanyol, el president del grup editorial PRISA, el senyor Ruiz de Polanco, propietari, entre molts altres mitjans de comunicació, del diari *El País*.

Les hemeroteques diuen que aquella actuació judicial fraudulenta que va acabar amb la carrera del jutge tenia com a finalitat venjar-se del principal diari de l'oposició, ja que havia malmès tant la imatge del president Aznar i el ministre Acebes a causa dels atemptats del 15 M, que el PP va perdre les eleccions. No sé fins a quin punt és cert o es tracta d'un simple judici d'inferència lògica, però no es pot negar que esdevé estrany que just aparegui de nou Gómez de Liaño quan a la família del PP s'estan esmolant les eines entre els partidaris de Rajoy i els qui el voldrien fer fora de la cadira presidencial.

Això sembla el joc de l'oca; tornem cada vegada a la casella de sortida, o sigui, al debat de la politització de la justícia o la judicialització de la política.

Independència judicial?

M'agradaria recordar que en els països de dret anglosaxó, conegut com a *common law*, existeix un poder judicial, *Judiciary*, totalment independent del Parlament, i més encara del Govern, fins al punt que els jutges i els fiscals decideixen de manera autònoma l'estructura judicial, els mètodes d'accés a la professió, el règim disciplinari i les retribucions. Els exemples més clars són els Estats Units, Canadà i Anglaterra. Només la Fiscalia és un departament legal de l'Estat, encarregada de dur a terme la política criminal.

A l'Europa continental, tanmateix, aquesta divisió i autonomia plena no existeix, atès que el Ministeri de Justícia forma part del poder executiu, el qual nomena tant el ministre com els secretaris generals. Les seves competències són molt àmplies, i, la recent reforma aprovada pel Congrés amb els únics vots del PP encara les reforça.

Fixem-nos en algunes dades clau d'aquesta dependència funcional, que ens ajudaran a entendre per què determinats jutges no volen enfrontar-se amb el senyor Ruiz Gallardón.

Comencem per la nòmina. Cada final de mes, jutges, fiscals i secretaris rebem els diners del nostre sou per ordre del Consell General del Poder Judicial, però l'import ha estat fixat prèviament pel Ministeri de Justícia. O sigui, que el nostre òrgan de govern encarregat de vetllar per la plena independència judicial només fa d'ens pagador d'allò que abans li ha concedit el senyor ministre.

No és tan sols una qüestió d'ètica, sinó també d'estètica. Com és possible que en un Estat democràtic sigui el poder executiu el que decideix si el sou d'un jutge és suficient, poc o molt? Cal tenir en compte que el Govern (central, autonòmic i municipal) és present en un 35% dels plets, bé com a part demandant bé com a demandada.

Els jutges som —gairebé sempre— independents i imparcials, però no estúpids, i ja se sap que ningú no mossega la mà del que et dóna de menjar.

Per si no fos prou, la justícia s'administra amb uns mitjans materials i humans que proporciona el Ministeri, és a dir, els edificis dels jutjats i les audiències són propietat del poder executiu no pas del judicial. Les taules, els telèfons i els ordinadors també. Ras i curt, treballem a la casa del que ens paga, i ho fem amb les eines que ens vulgui donar en cada moment concret.

Sembla clar que, des de fa anys, amb aquest Govern i amb l'anterior, la qualitat i l'eficàcia del sistema no són una de les seves prioritats. Ja he fet esment en un capítol anterior que el pressupost d'inversió estatal en justícia és d'un 1,5%, la meitat que el de la majoria de països democràtics del nostre entorn. I les perspectives actuals són que encara es reduirà més, atès el dèficit fiscal que contínuament ens recorden els ministres d'Economia i Hisenda, just ara que tenim un dels reptes més importants de la nostra història, com són els centenars de casos de corrupció que afecten les elits política i econòmica.

Renoi!, deu ser una altra casualitat.

Insisteixo, però, que, llevat de casos concrets excepcionals, són pocs els afers de suborn en què han estat implicats jutges i fiscals, malgrat els enormes interessos econòmics en joc i sobre els quals hem de decidir.

L'autocrítica que conté aquest llibre no és incompatible amb el reconeixement del treball i la vàlua professional de molts jutges, fiscals i secretaris, que fan tot el possible per evitar que la nau de la justícia s'acabi enfonsant. Tenim molts problemes en l'àmbit judicial, però afortunadament l'honestedat no n'és un.

I, per això, és especialment important recordar que són milers els juristes que hem manifestat públicament el nostre rebuig frontal a la reforma de la Llei orgànica del poder judicial endegada pel ministre Ruiz Gallardón, a redós de la majoria absoluta que li garanteixen ambdues cambres parlamentàries, així com a la imposició d'unes taxes que fan gairebé impossible que les persones amb menys recursos econòmics puguin tenir accés als tribunals.

Criteris bàsics d'ètica judicial

Podem canviar aquesta dinàmica, on els menys treballadors però més espavilats arriben a la cúpula?

Amb la finalitat constructiva que, des d'un inici, guia les reflexions i els comentaris que el lector té a les mans, faré una llista de canvis en l'estructura del sistema que ajudarien a millorar la transparència dels nomenaments i evitarien que cada vegada que cal renovar un càrrec es torni a discutir si els candidats ho són per mèrits propis o en pagament de favors prestats.

No sembla pas que siguin gaire complicats de posar en marxa i de ben segur que molts ciutadans hi estarien d'acord. Caldria:

- Que tots els membres del Consell General del Poder Judicial fossin designats d'acord amb un estricte protocol d'avaluació de mèrits, prèviament redactats i fets públics abans de la corresponent convocatòria. Així es posarien límits a la discrecionalitat actual.

- Que el Consell General del Poder Judicial tingués un pressupost propi, l'import del qual i la seva distribució depenguessin únicament del Congrés de Diputats, és a dir, el poder legislatiu, sense cap interferència del Govern. El sou dels jutges sortiria d'aquest pressupost i hauria d'estar subjecte a un barem de productivitat qualitativa de resolucions.
- Que, cada any, el president del Consell comparegués davant del Congrés per explicar com i en què s'han gastat els diners, alhora que lliurés la corresponent liquidació aprovada pel Ple de l'organisme, amb especial esment del sou, les dietes i les despeses de cada vocal.
- Que els membres de l'òrgan de govern del poder judicial fossin elegits d'acord amb criteris de paritat de gènere, única manera d'avançar vers la igualtat home-dona en una professió que fins ara es regeix per rols masculins.
- Que només la meitat dels vocals de l'òrgan de govern fossin jutges o fiscals, i l'altra meitat juristes (advocats, catedràtics, secretaris, notaris, etc.) de reconegut prestigi i experiència. La diversitat de procedència evitaria decisions corporatives, com passa ara.
- Que una de les primeres mesures legislatives internes del nou Consell General del Poder Judicial fos l'aprovació d'un codi ètic d'obligat compliment per tots els jutges i magistrats.
- Que cada vacant que es produís en el Tribunal Suprem fos coberta per votació lliure feta entre tots els membres de la carrera judicial, seguint els requisits de la convocatòria específica. Qui millor que nosaltres per puntuar la qualitat jurídica dels aspirants?
- Que els vocals del Tribunal Constitucional fossin elegits entre juristes amb un mínim de vint anys d'experiència i prestigi inqüestionable. El Congrés n'hauria d'elegir tres, el Senat tres més, el Consell General de Col·legis d'Advocats uns altres tres, i el col·lectiu de la carrera judicial els últims tres. D'aquesta manera s'evitaria que qualsevol d'aquests grups

tingués el control polític o corporatiu del màxim òrgan judicial de l'Estat.

En síntesi, una aposta clara per la transparència unida a la qualitat i la independència, valors que han de presidir tota reforma legal en aquest àmbit.

En un dels apartats anteriors hem fet esment de l'ètica judicial com un dels paràmetres bàsics que calia millorar, i, encara que sembli incomprensible, avui —a diferència d'altres països europeus— no gaudim de cap codi regulador.

Advocats, procuradors, metges, arquitectes, psicòlegs, policies, etc. tenen un codi ètic o deontològic, i qui l'infringeix s'arrisca a sancions molt severes. Jutges i fiscals, no. Cal esmenar aquest dèficit.

És cert que el Consell General del Poder Judicial té un Servei d'Inspecció, però el seu funcionament ha estat —amb raó— contínuament criticat tant per l'opinió pública com pel mateix col·lectiu judicial. Els expedients disciplinaris que s'obren són molt pocs, i gairebé sempre acaben amb una sanció lleu: amonestació i/o multa.

Els pocs casos en què s'ha imposat sanció greu, com suspensió temporal de sou i feina, trasllat forçós o àdhuc expulsió de la carrera, han estat sempre precedits d'una gran alarma social en fer-se públic el comportament indigne de l'afectat. O sigui, que primer han estat els mitjans de comunicació els que s'han fet ressò de la situació infractora, sovint reiterada, i només llavors el Servei d'Inspecció Judicial s'ha dignat a actuar.

Dissortadament també, algunes de les decisions sancionadores no han obeït sempre a criteris jurídics, com baix rendiment laboral o incompliment de les obligacions inherents al jutjat, sinó que han servit per intentar fer callar aquells membres de la judicatura que s'han atrevit a qüestionar públicament el funcionament deficitari del sistema polític o judicial. Es tracta d'avisos per a navegants i serveix per augmentar l'autocensura interna.

L'any 2006, la Cort Iberoamericana de Justícia va aprovar un codi ètic que en aquests darrers cinc anys s'ha fet extensible a la majoria de països d'Amèrica Llatina. Seguint aquell camí, també el Tribunal Europeu de Drets Humans en va redactar i aprovar un el 23 de juny del 2008, i nombrosos estats europeus l'han incorporat al seu dret intern.

Una vegada més, *Spain is diferent.* Aquí anem tan sobrats d'ètica que la nostra cúpula judicial considera que no ens cal.

Els jutges i els fiscals, precisament perquè tenim la responsabilitat de garantir l'efectivitat dels drets fonamentals de les persones, hauríem de ser els primers a adaptar en tot moment la nostra conducta, professional i personal, als criteris de bones pràctiques vigents en moltes altres professions, i assumir que aquell de nosaltres que no els respecti n'haurà d'afrontar les conseqüències. No n'hi ha prou amb un simple reglament disciplinari com l'actual, ple de llacunes, ambigüitats, i, per tant, susceptible de ser interpretat de manera arbitrària, amb el consegüent greuge comparatiu entre implicats.

Cal anar implementant una nova cultura de la independència i la imparcialitat, que ens porti a revisar la concepció tradicional de *neutralitat.* Els jutges, ja ho he dit abans, no som neutres, perquè la nostra feina afecta persones i casos reals. A diferència del científic dins del seu laboratori, la nostra tasca està inseparablement unida a la realitat social de l'entorn on es produeix el conflicte, al moment on es consuma i a les circumstàncies personals dels afectats.

Ni tan sols els fiscals, funcionaris estatals que tenen un estatut jurídic de jerarquia administrativa, haurien de regir-se per la submissió acrítica al criteri del superior. Si els superiors els volen donar instruccions, que ho facin per escrit i motivant per què en aquell cas concret s'ha de seguir aquella directriu. El fiscal encarregat del cas l'haurà d'obeir, però sempre podrà deixar clar que ho fa en contra del seu criteri personal.

No cal dir els jutges, que només ens regim pel principi de legalitat, i, en conseqüència, podem interpretar la llei adequant-la a la situació específica que ens ha tocat resoldre. Si ens equivoquem, ja hi ha els recursos inherents a la doble instància, i el tribunal de categoria superior ja ens corregirà. Òbviament, des de llavors ja sabrem que hem d'adaptar-nos al seu millor criteri, però sempre continuarem gaudint de la independència per decidir amb plena imparcialitat.

Tornant a la Fiscalia, un dels exemples més clars d'aquesta disfunció estructural i ètica que cal modificar ha estat la recent actuació del fiscal Horrach, encarregat de l'acusació del cas Nóos, adscrit al jutjat d'instrucció de Palma de Mallorca que dirigeix el jutge Castro. Mai en la història judicial espanyola no s'havia vist que un fiscal presentés recurs contra la decisió del jutge instructor de citar a declarar, a títol d'imputada, una persona sobre la qual existien sospites o indicis de participació en un delicte.

Doncs bé, com el lector recordarà perfectament, el mes de març del 2013, aquesta situació excepcional es va produir, just quan el company Castro va considerar que les proves aportades al sumari instruït contra Iñaki Urdangarin i Diego Torres presentaven elements indiciaris suficients per considerar que la infanta Cristina de Borbón no tan sols tenia coneixement dels delictes de suborn, tràfic d'influències, evasió de capitals i malversació de cabals públics imputats al seu marit, sinó que hauria coparticipat de manera activa en alguns.

Lluny de donar a l'afectada el dret a explicar la seva versió dels fets, com es fa sempre, el fiscal —seguint ordres verbals de la Fiscalia General de l'Estat— va recórrer la citació davant l'Audiència Provincial. Amb una celeritat inaudita, la Sala Penal va resoldre el recurs —amb el vot en contra d'un dels tres magistrats que formava el tribunal—, tot ajornant la compareixença de la infanta, amb l'argument que encara no hi havia prou indicis en contra seva, i que calia investigar abans si tenia participació en el delicte contra la Hisenda pública que també s'imputa a Urdangarin.

Insisteixo, mai abans no havia succeït una cosa semblant en la jurisprudència espanyola. Ja és casualitat —una més— que el primer precedent d'una decisió com aquesta hagi afectat precisament un membre de la família reial.

Com podem defensar, des de llavors, els jutges, el principi d'igualtat de tots davant la llei que recull la Constitució espanyola? Com podem dir a la cara dels ciutadans sense avergonyir-nos que tothom té el mateix tracte processal?

La persistència del jutge Castro a seguir el fil de la investigació ha permès, tanmateix, evitar que aquella porta acabés definitivament tancada, i potser avui, quan el lector té aquest llibre a les mans, la justícia ja s'hagi imposat als interessos polítics de l'Estat.

El model actual de la Fiscalia està tan malmès que, sovint, ni tan sols calen aquelles instruccions verbals. N'hi ha prou amb un simple suggeriment del fiscal en cap vers l'inferior perquè aquest acati —amb satisfacció, conscient que són punts al seu favor, o a desgrat— les indicacions rebudes. Pocs són els que, amb un encomiable sentit de la dignitat professional, s'atreveixen a exigir, atès el principi de jerarquia vigent, que li donin l'ordre explícita per escrit, com un dia em va confessar l'exfiscal en cap de Catalunya, José Mª Mena, quan, des de Madrid, li van fer saber que no estaven d'acord amb una de les seves decisions. Amb la sorneguería que tots els que el coneixem hem comprovat freqüentment que gasta, els va dir que li enviessin l'ordre per escrit i que ell l'adjuntaria en el seu informe al jutjat. Mai més no el van tornar a trucar.

Un fet similar li va passar a un altre magnífic representant de la Fiscalia, l'exfiscal anticorrupció Carlos Jiménez Villarejo, poc abans de la seva jubilació. Després d'una trajectòria professional impecable, en què es va distingir pel seu rebuig frontal a acceptar indicacions d'oportunitat política —sobretot en el cas Banca Catalana, en el qual es va arribar a demanar el processament de l'expresident Jordi Pujol—, quan es va queixar al llavors fiscal general de l'Estat de les mancances i retallades que patia el seu departament, just en uns moments en què la Unitat de Delictes Fiscals i Econòmics

(UDEF) estava investigant importants casos de corrupció que afectaven polítics del PSOE i del PP, va rebre la notícia del seu proper relleu per *pèrdua de confiança*. Les hemeroteques recullen que, abans de cedir, en un acte de dignitat poc habitual en aquest país, va presentar la seva dimissió.

Han passat ja uns quants anys, però sembla que els costums no canvien.

Un motiu més per fer realitat la vella exigència d'un Ministeri Fiscal independent del Govern, que pugui regir-se únicament per criteris tècnics i jurídics. Avui ja és així en el 90% dels casos, és a dir, aquells que afecten ciutadans com vostè, lector. Però tot canvia quan la persona investigada forma part del nucli proper al poder.

En aquest context, podem els jutges dir que som veritablement independents? Sí, si tens la sort que al llarg de la teva carrera no et toqui jutjar algun d'aquests casos *especials*. Però som molts els que hem tingut la satisfacció, almenys jo ho considero així, d'haver d'enfrontar-nos al repte de demostrar que interpretem la llei de la mateixa manera en tots els casos que arriben a les nostres mans, sense distinció de cognoms ni càrrecs.

Que des dels cercles on es prenen les decisions de promoció professional et considerin incòmode no ha de ser mai un motiu d'autocensura, sinó, al contrari, d'autoestima i orgull, ja que és la prova que dius el que creus i fas el que dius. Aquest és, sens dubte, el millor sou que pot rebre un jutge.

Calamandrei deia, tot parlant irònicament de la parafernàlia que envolta els actes judicials, amb les togues, les medalles (sort que ara ja no cal portar perruca), i el llenguatge falsament erudit, que potser ha arribat l'hora de substituir el color negre d'aquest vestuari antiquat i uniformitzador i deixar que cada protagonista del teatre jurídic vagi vestit com vulgui, sempre que sigui d'una manera digna.

Comparteixo aquesta reflexió i aviso que seguiré lluitant —encara que continuï perdent la partida, com fins ara— per bandejar de l'escena judicial tota indumentària supèrflua, com saben bé els meus companys de professió. No té cap sentit que es consideri una falta ofensiva que un jutge, fiscal o advocat celebri un judici sense corbata; o que la camisa no sigui blanca i els mitjons negres. És pels nostres actes i no pel vestuari com se'ns ha de valorar.

Ningú no diu que s'hagi d'anar a una vista oral amb xancletes i pantalons curts. Vestir curosament és perfectament compatible amb el color de la roba. Ja prou tragèdies hem de veure cada dia els jutges per haver d'anar vestits, a sobre, com si estiguéssim en un funeral.

Com hem dit moltes altres vegades a qui ens ha volgut escoltar, l'ètica judicial s'ha de demostrar en el tracte vers els ciutadans i en la motivació de les nostres resolucions. Es tracta d'una ètica pràctica, més enllà dels discursos grandiloqüents i retòrics.

I, per aquest motiu, esdevé imprescindible que amb urgència reclamem al Consell General del Poder Judicial la redacció de l'esmentat codi deontològic. No ja pels seus evidents efectes dissuasius vers comportaments incorrectes del col·lectiu, sinó sobretot per recordar en positiu quins són els nostres deures.

Alguns companys de professió discrepen d'aquesta necessitat, tot argumentant que la nostra funció es limita a aplicar la llei, i que, per tant, no hem de ser sensibles als conflictes socials que ens toca resoldre. Aquesta tasca seria competència exclusiva del legislador. Repeteixo que no puc compartir aquesta visió asèptica i formalista de la responsabilitat de jutjar. Precisament per això cal que totes les nostres resolucions siguin ben motivades, perquè aquesta explicació racional del procés intel·lectual que ens ha portat a donar la raó a A i no a B legitima la decisió i serveix de control extern de l'arbitrarietat, tant en seu jurídica a favor de la part a qui hem condemnat com de la mateixa societat.

És d'aquesta manera com es construeix la legitimitat moral del jutge, no tan sols la jurídica. Oblidar-ho és reproduir un model de justícia burocràtica i autoritària, que busca per damunt de tot imposar i evitar responsabilitzar-se dels resultats.

Els codis ètics introdueixen un nivell d'autoexigència que va molt més enllà de les normes disciplinàries que es poden aplicar als qui no compleixin amb correcció el seu deure. Fixem-nos, si no, en els països anglosaxons. Gairebé no tenen normes escrites de dret positiu, però sí una abundant i consolidada jurisprudència del *precedent*, alhora que uns codis deontològics molt rigorosos i exhaustius.

Amb aquest bagatge, han assolit ja fa molts anys un prestigi i una confiança social elevats, fins al punt que més del 70% dels ciutadans declaren en les enquestes d'opinió pública que confien molt en els jutges. No cal que els recordi que a l'Estat espanyol sempre hem estat considerats un dels col·lectius menys valorats, gairebé tant com els polítics. Ja és hora de canviar aquest estat de coses.

Fins que no ho aconseguim, la fam per progressar i pujar esglaons dins la carrera judicial continuarà. És veritat que a alguns aquesta *gula* il·limitada els ha provocat una indigestió, i, a més del consegüent mal de panxa, ha frustrat les seves expectatives. N'hi ha que no saben mesurar les passes i acaben ensopegant. Però si fem que el sistema dificulti enormement aquelles aspiracions injustes, potser ja no tindrem tants golafres.

I acabo aquest capítol amb un breu comentari entorn d'una reflexió que fa anys vaig llegir en una entrevista feta a l'escriptor Lorenzo Silva, autor de diversos llibres de novel·la negra, que ha publicat prenent com a protagonistes dos inspectors de la Guàrdia Civil, Bevilacqua i Chamorro. Als juristes ens agrada aquest gènere, sobretot perquè ens permet copsar fins a quin punt realitat i ficció no estan tan allunyades.

Doncs bé, deia Silva que el que més el sobtava de la judicatura era la nostra excessiva invisibilitat social, atès que semblava sovint que vivíem dins d'una bombolla de vidre aïllats de la gent, per por de contaminar-nos, com si el poble estigués infectat.

De ben segur opinaria el contrari si l'entrevista s'hagués realitzat aquests darrers dos anys, però em temo que ara ens diria que potser ens estem passant de la ratlla, que ens estem fent massa visibles, perquè els altres mecanismes de control social (educació, política i economia) no funcionen, i això tampoc és bo.

On rau, doncs, la solució? En el punt mitjà, és a dir, a assolir que els jutges siguem vistos per l'opinió pública com a éssers normals. Gent experta en una determinada matèria, que treballa tan bé com sap, honestament i amb esperit de servei públic.

Ni la supèrbia, ni la peresa, ni la ira, ni la golafreria són *virtuts* que ens condueixen a aquest objectiu. Potser la humilitat, l'esforç, la serenitat i la prudència sí que ens hi acostarien una mica.

[illegible]

Desconcertant i [illegible] exemples de la violència de gènere també s'han produït resolucions judicials que fan sentir vergonya aliena. Com, per exemple, quan, l'octubre del 2011, el jutge Juan del Olmo, adscrit a l'Audiència Provincial de Múrcia, va revocar la condemna dictada en primera instància per la jutgessa penal per un delicte d'injúries i amenaces contra l'exmarit de la denunciant, perquè li havia dit «te voy a matar, zorra». El tribunal va decidir que dir «zorra» a la mulher no era un insult, sinó una manera d'avisar-la

V. L'enveja

La justícia, a la balança,
mai no pesa l'esperança.

SALVADOR ESPRIU

Els jutges també tenim sentiments, encara que a vegades no ho sembli. I, per això, he defensat que les emocions a l'hora d'analitzar i valorar un conflicte jurídic són inevitables, atès que formem part de la societat. Tanmateix, cal no confondre mai sensibilitat amb prejudicis, com l'animadversió personal, l'odi o l'homofòbia.

Tampoc els estereotips, sobretot si són reaccionaris o masclistes, han d'influir en les decisions judicials. Un exemple prou clar d'això ja l'hem pogut veure en el jutge Calamita, a qui hem dedicat algunes línies en el capítol 3 en relació amb la seva ofuscació religiosa. Un altre una mica més antic, però que al seu dia també va provocar un gran enrenou, va ser el del cas de la noia que duia la faldilla massa curta, protagonitzat pel magistrat Ezequiel Castillo, de l'Audiència de Girona, el qual, en sentència de 18 d'abril del 2002, va justificar —en part— l'agressió sexual soferta per una menor a la sortida d'una discoteca, tot dient que no li hauria passat res si a aquelles hores de la nit hagués estat a casa seva i si no hagués portat una roba massa provocadora.

Dissortadament, en l'àmbit complex de la violència de gènere també s'han produït resolucions judicials que fan sentir vergonya aliena, com, per exemple, quan, l'octubre del 2011, el jutge Juan del Olmo, adscrit a l'Audiència Provincial de Múrcia, va revocar la condemna dictada en primera instància per la jutgessa penal per un delicte d'injúries i amenaces contra l'exmarit de la denunciant, perquè li havia dit «*te voy a matar, zorra*». El meu col·lega va decidir que dir «*zorra*» a la muller no era un insult, sinó una manera d'avisar-la que la considerava molt astuta, ja que aquesta classe d'animals es consideren especialment hàbils per escapolir-se del perill.

Déu n'hi do, ja sabem que el diccionari de la llengua dóna molt joc, però em sembla que no pas tant!

En qualsevol cas, considero que el pitjor que pot fer un jutge és deixar-se endur per fòbies personals, enveja o mala fe.

El cas *Egunkaria*

Parlar d'enveja i animadversió en el món jurídic sense fer esment d'un dels casos més indignants de la nostra recent història judicial, el cas *Egunkaria*, seria un oblit inadmissible per a qualsevol jutge mínimament sensible i respectuós amb els drets d'opinió i informació. Com veurem tot seguit, però, en aquell cas es van barrejar un atac frontal a l'euskera, l'ànim de silenciar un diari crític amb el poder executiu central, i l'actuació gens imparcial d'un jutge de l'Audiència Nacional que va fer ús del seu poder per tancar la boca i fer entrar a la presó unes persones que només estaven fent ús de la seva llibertat d'expressió.

Cal començar recordant que, en una societat democràtica, un mitjà de comunicació no és una empresa com qualsevol altra. Recull i fa pública la veu de milers de ciutadans, cosa que li atorga una especial protecció per part de tots els poders de l'Estat. I, sobretot, del judicial, últim esglaó garantista de la pluralitat ideològica.

Aquest capítol, més enllà de ser una crítica a la utilització de la justícia per a finalitats polítiques, vol ser un humil homenatge a cinc dels responsables d'aquella arriscada aposta per normalitzar l'euskera arreu del País Basc, i que per aquest motiu van ser perseguits, maltractats i empresonats durant molt de temps. La justícia els va declarar, finalment, innocents de tots els càrrecs, però ja era massa tard.

El diari no va poder tornar a obrir mai: la seva viabilitat econòmica havia estat malmesa de manera irreversible. El dany moral ocasionat als detinguts i acusats encara no ha estat reparat, i estic convençut que mai no se'ls podrà tornar allò que —ja fa més de deu anys— se'ls va prendre: la llibertat.

Només els queda la dignitat personal, que mai no van perdre, i el reconeixement públic. Des d'aquí, la meva modesta aportació!

El dia 20 de febrer del 2003, el jutge instructor Juan del Olmo (sí, el mateix que ara és a Múrcia i es considera un expert en sinònims acadèmics) va emetre una resolució des de l'Audiència Nacional, en què ordenava a la Guàrdia Civil l'entrada i escorcoll de la seu del diari *Egunkaria*, l'únic que en aquella època s'editava totalment en euskera. Amb l'excusa d'una hipotètica connivència amb el grup terrorista ETA, es va procedir a la detenció de deu persones, entre les quals hi havia el director de la publicació, Martxelo Otamendi; el gerent, Xavier Oleaga; l'editor, José M.ª Torrealdai; els caps de la secció política i de cultura, Iñaki Uría i Joseba Augmendi, així com cinc periodistes més. Després d'endur-se'n milers de documents, arxius i ordinadors, el magistrat va aprofitar l'ocasió per adoptar una mesura gens habitual: va tancar el diari de manera temporal.

Temporalment és una manera de dir, perquè la llei no permet adoptar una mesura cautelar d'aquesta gravetat de manera indefinida. Però, en un exemple més de les nombroses irregularitats que van acompanyar tot el curs d'aquell procés, el tancament es va prorrogar molt més enllà del que la Llei d'enjudiciament criminal recull com a període màxim de privació de qualsevol dret fonamental, que és de quatre anys.

El judici oral no es va convocar fins al novembre del 2009, i la sentència la va dictar el tribunal de la Sala I de l'Audiència Nacional, presidit pel magistrat Gómez Bermúdez, el 12 d'abril del 2010. Va ser absolutòria.

Set anys per declarar que els indicis incriminatoris aportats pel Ministeri de l'Interior, sota govern en aquella època del Partit Popular, eren simples sospites sense cap fonament, i que tant el Ministeri Fiscal com l'acusació particular exercida per l'associació estatal Víctimes del Terrorisme havien acusat els cinc màxims responsables del diari —únics que finalment van haver d'anar a judici— de manera injustificada, sembla d'entrada un període totalment exagerat. Potser, conscients de la feblesa de les proves, l'objectiu va ser anar allargant tant com va ser possible l'angoixa dels afectats sobre el seu futur.

La sentència absolutòria va dedicar unes quantes reflexions adreçades al jutge instructor i a la policia, l'actuació del qual va titllar de precipitada, indiscriminada i desproporcionada. No va entrar, tanmateix, en un dels punts més espinosos del cas, com eren les denúncies formalitzades pels detinguts en el sentit que havien estat torturats físicament i psicològicament des de la seva detenció a la caserna de la Guàrdia Civil a Intxaurrondo, durant el seu trasllat a Madrid, i fins que van ser posats —al cap de cinc dies— a disposició judicial.

En fi, tot un model del que no ha de ser mai una justícia democràtica. Quan es converteix en un vehicle utilitzat pel poder executiu per aconseguir objectius polítics, se'ns està demostrant qui és el que de veritat mana a l'Estat, malgrat la formal divisió triple de poders que recull la Carta Magna.

Han passat ja més de deu anys d'aquells fets, i encara és l'hora que els responsables d'aquell disbarat demanin disculpes.

Qui sí que les va demanar va ser el Tribunal Europeu de Drets Humans d'Estrasburg, on els acusats absolts van acudir en petició d'empara per haver estat detinguts i empresonats durant mesos de manera injusta, i en justa reclamació d'indemnització per danys morals. En resolució de 7 d'octubre del 2010, és a dir, només sis mesos després de dictada la sentència espanyola, el Tribunal Europeu de Drets Humans va donar la raó als demandants i va condemnar l'Estat espanyol per haver vulnerat el dret a un procés amb totes les garanties dels acusats. Alhora, el va obligar a indemnitzar cada un d'ells amb 24.000 euros, suma que de cap manera no podrà mai rescabalar el mal sofert, i va atorgar a l'empresa editora del diari l'acció legal adient per reclamar tots els perjudicis econòmics soferts.

Aquesta última acció civil, que els socis del mitjà de comunicació —una cooperativa— van instar de manera immediata, encara està pendent de resolució en els tribunals espanyols, i, per tant, els perjudicats segueixen sense veure restituïts els seus drets. Quin contrast, no els sembla? La justícia espanyola tarda més d'un lustre per decidir si uns periodistes que molestaven molt amb les seves opinions escrites eren innocents o culpables. La justícia europea, els empara en només mig any; i avui ja en portem uns altres tres de litigi sense que els tribunals espanyols quantifiquin —i ordenin pagar— les indemnitzacions que el Tribunal Europeu de Drets Humans va reconèixer.

Ja sabem que la venjança sempre se serveix freda, però en aquest cas gairebé està ja congelada.

I, en qualsevol cas, mai no se'ls podrà tornar el que se'ls va prendre de manera arbitrària: un diari que tenia més de 50.000 lectors i que ja no existeix.

No ens trobem només davant d'un atac de caràcter polític i ideològic a un mitjà de comunicació abertzale. És la història d'una revenja contra el món de la cultura basca. Tancar un diari durant set anys és el mateix que censurar-lo de manera indefinida, atès que, a causa del tancament, tots els treballadors van perdre el seu lloc de treball i van anar a parar a l'atur.

Va ser una manera inequívoca d'avisar a tothom que defensés l'èuscar i el món independentista abertzale, encara que ho fessin per mitjà de la paraula i sense cap violència, que serien perseguits, empresonats i arruïnats econòmicament.

No em puc resistir a transcriure dues de les frases més interessants que conté la sentència final absolutòria, atesa la seva transcendència jurídica i social: «*No se ha acreditado ni siquiera de forma indiciaria, que el periódico* Egunkaria *haya defendido durante su trayectoria los postulados criminales de la banda terrorista ETA, ni que haya publicado un solo artículo de opinión en favor del terrorismo o del uso de las armas como vía hacia la independencia de Euskadi*». Per si no quedés prou clar, hi afegeix: «*incluso algunos de los miembros de la Guardia Civil encargados de la investigación reconocieron que no se había llevado a cabo un análisis previo de las actividades concretas de cada uno de los acusados, lo que hace aún más incomprensible e injustificada su detención y encarcelamiento»*. Repeteixo, són citacions textuals de la Sala Penal, no consideracions meves.

Doncs bé, com el lector ja s'haurà imaginat, el jutge Del Olmo tampoc no ha estat objecte de cap expedient disciplinari per part del Consell General del Poder Judicial, malgrat la duresa d'aquestes recriminacions jurídiques per part dels seus superiors a l'Audiència Nacional. La famosa independència judicial es veu que empara, quan així convé, els qui tenen el poder, àdhuc davant extralimitacions judicials tan greus com la que estem analitzant.

El tancament del diari no tan sols no tenia habilitació constitucional directa, sinó que la legislació criminal ordinària aplicada pel jutge instructor va ser errònia, des del meu modest punt de vista, atès que, en tractar-se de la limitació d'un dret fonamental, necessitava una autorització normativa expressa per prorrogar més enllà de setanta-dues hores la prohibició de la publicació.

Per a aquells lectors que no siguin experts en dret, permetin-me aclarir que totes les constitucions democràtiques recullen drets fonamentals de primera generació i de doble tutela. El d'informació, llibertat d'expressió i comunicació a l'opinió pública n'és un.

Consisteix, bàsicament, en el fet que tota la premsa —escrita, televisió, ràdio— mereix una protecció especial, perquè qualsevol restricció legal o judicial en el seu funcionament lliure afecta inevitablement i de manera simultània dos drets: el de comunicar opinió i el de rebre informació objectiva que tenim tots els ciutadans. Si es limita de manera desproporcionada, s'està atacant un pilar essencial del sistema democràtic: el pluralisme.

A l'època franquista, la solució era prou fàcil: tots els mitjans de comunicació havien de lliurar les notícies i els articles a la delegació provincial del Govern Civil abans de publicar-les. Un equip de censors —un funcionari amb bigoti a qui el dibuixant i humorista Perich va dedicar un munt de vinyetes impagables— s'encarregava de suprimir i esmenar tot allò que no es considerava *convenient*, segons els criteris del règim dictatorial establert, fos en clau política, religiosa o sexual. Des de la Transició espanyola, aquell costum tan autoritari com ridícul va desaparèixer, però, com podem veure, amb l'excusa que la llibertat absoluta no existeix, alguns jutges i polítics ja s'han encarregat de trobar fórmules igual d'eficients, o encara més.

Hi ha un precedent, però, que em ve a la memòria i voldria recordar. El diari *Madrid* va ser tancat el 26 de novembre del 1971 per ordre del llavors ministre Fraga Iribarne, autor de la Llei de premsa de l'època franquista, que ell considerava progressista, i —quina paradoxa— posteriorment un dels redactors de la Constitució espanyola del 1978.

Malgrat els intents del sector més aperturista del Govern, que ja veia venir els canvis democràtics quan el *generalísimo* morís, i les nombroses pressions internacionals, va romandre tancat per «*desafección al régimen*», fins que, l'any 1974, l'edifici de la seva seu va ser enderrocat amb una càrrega de dinamita. Es veu que no n'hi havia prou amb el seu silenci intel·lectual, calia també la desaparició física. Un exemple més dels últims rampells autoritaris del dictador.

Però la decisió els va sortir cara, ja que, des d'aquell moment, el món periodístic en general, àdhuc el de dretes representat per l'*ABC* i *La Vanguardia*, va convertir el fet en un símbol de la llibertat de premsa i van fer saber al ministre que mai més no tornarien a permetre un atac d'aquelles característiques.

I, en efecte, els successius governs democràtics d'aquests darrers trenta-cinc anys mai no han ordenat el tancament d'una publicació. La legislació actual reserva la competència exclusiva de suspensió temporal d'activitats o segrest d'una publicació en concret als tribunals de justícia, tot matisant que aquesta limitació al dret d'informació pública sempre ha de ser excepcional.

Jo ja era jutge quan, l'any 2003, el company Juan del Olmo va cometre aquell disbarat jurídic. I, malgrat que vam ser molts els juristes que, des de l'àmbit acadèmic universitari, del món de la cultura, de la resta de mitjans de comunicació i de la carrera judicial, vam manifestar la nostra opinió contrària a la mesura, ningú dels qui tenien la competència per fer-ho no va revocar la seva decisió.

Tant de bo el mateix any 2003 l'Audiència Nacional hagués deixat sense efecte el tancament del diari, però no ho va fer. Els jutges ens podem equivocar, és cert, però les instàncies superiors estan precisament per corregir al més aviat possible l'error. No set anys més tard, quan el dany ja és irreparable.

Ja vaig dir llavors, i repeteixo ara, que en països com els EUA o el Regne Unit, un tancament de diari o una censura d'informació hauria estat impossible. Recordem que estem parlant de la primera dècada del segle XXI, no del XIX.

Com és públic i notori, aquests dos països han viscut casos de confrontació molt greu de la premsa amb el Govern. Als EUA amb el cas Watergate i al Regne Unit amb el cas Murdoch. Darrerament, cada setmana es publiquen notícies relacionades amb els serveis secrets i les escoltes il·legals, filtrades per Julian Assange i Edward Snowden.

Mai els respectius governs, i menys encara llurs tribunals de justícia, no s'haurien atrevit a adoptar una mesura similar a la que va decidir el jutge Del Olmo. La llibertat de premsa està per damunt de qualsevol altra raó d'Estat, i cal que la defensem encara que la informació que publiquin determinats mitjans no ens agradi. L'únic que cal exigir és que sigui verídica. Cal recordar que les paraules només es poden combatre amb raons, mai amb violència o imposició coactiva. Posar una mordassa a l'informador només perquè no ens agrada el que diu és impropi d'una societat respectuosa amb el pluralisme ideològic.

El mirall: accions i reaccions del cas Egunkaria

Seguint en el món de la informació, podem dir que l'acumulació de casos en què la barreja entre allò que és polític i el que és judicial esdevé difícil, com ja hem dit, ens posa davant del mirall de la contaminació intencionada. És important tenir-ho present avui, quan la mateixa notícia té, segons el mitjà que la publiqui, connotacions sovint antagòniques.

El lingüista Noam Chomsky va publicar, fa uns quants mesos, un treball on recollia amb gran clarividència fins a deu estratègies de manipulació mediàtica, i emfatitzava que quan el motiu que guia els interessats a alterar les notícies per desviar l'atenció de l'opinió pública està relacionat amb casos pendents als jutjats, cal anar molt en compte de no caure en el parany de confondre un i altre àmbit, ja que llavors la justícia sempre hi sortirà perdent.

El lector em permetrà que destaqui les cinc estratègies que considero més rellevants.

Chomsky deia que el primer parany rau en l'anomenada estratègia de *distracció*. Consisteix a desviar l'atenció de la gent dels problemes d'actualitat que més poden desgastar la imatge dels poders públics, i es du a terme per mitjà de la tècnica del diluvi informatiu. Es tracta de col·lapsar la capacitat d'anàlisi del lector i/o oient, tot inundant-lo amb centenars de notícies que en realitat són insignificants, fet que provoca l'efecte d'impedir als destinataris que gaudeixin de temps suficient per reflexionar sobre cada una.

En segon lloc, ens avisa que les tècniques de suggestió induïda anomenades *acció-reacció* són cada vegada més emprades pel poder polític amb l'objectiu de generar, en l'opinió pública, estats d'ànim que la portin a reclamar respostes punitives. Les enquestes d'inseguretat ciutadana en són un bon exemple. No es diuen mentides a l'hora de publicar els índexs de criminalitat, però sí que s'amaguen o es tergiversen determinades dades que expliquen les causes de determinats fenòmens delictius i les zones on es produeixen. La resposta és previsible: més seguretat i menys llibertat.

Tot seguit, cal ser curosos amb els *globus sonda*, és a dir, aquelles notícies que ens avancen futures decisions governamentals. Lluny de la transparència informativa honesta, que consisteix a explicar als ciutadans que s'està estudiant un determinat projecte de reforma legal per cercar solucions a problemes reals, el que fan els *lobbies* econòmics i polítics és anunciar que, si les coses no canvien, caldrà adoptar mesures impopulars malgrat que confien a no veure's obligats a arribar a haver de fer-ho. Ens estan dient que actuen per obligació, a desgrat de la seva voluntat, però en compliment del seu deure de vetllar pel nostre benestar. En funció de la resposta en l'opinió pública, aturen el projecte o el tiren endavant.

La quarta mesura manipulativa més freqüent consisteix a vendre'ns la idea que és necessari generalitzar els perjudicis, malgrat que els beneficis sempre se'ls reparteixen entre els mateixos. L'esclat de la bombolla immobiliària, la crisi financera, el rescat del capital bancari privat, la congelació salarial, la precarietat en els contractes de treball, en són els exemples més punyents. És una tècnica gradual i força enginyosa, ja que a poc a poc se'ns diu que, si no ho acceptem, serà molt pitjor.

El darrer mecanisme està directament lligat amb el que explicàvem en el capítol 2 d'aquest llibre: judicialitzar tots els problemes, allunyant-los de l'àmbit on caldria debatre'ls i resoldre'ls. Atès que els qui gestionen el poder saben molt bé que el sistema judicial espanyol té uns dèficits tan greus que li és impossible —encara que vulgui— actuar de manera ràpida i decidida, aprofiten aquesta avinentesa —provocada per ells mateixos— per traslladar als jutjats conflictes que mai no haurien d'arribar-hi.

En conclusió, de manera similar al capitalisme, que, com deia Karl Marx, «ni es crea ni es destrueix, tan sols es transforma», el *sistema* vigent es va adaptant a les necessitats dels nous temps en cerca de l'objectiu permanent de continuar controlant l'individu.

Afortunadament, el desenvolupament de les xarxes socials a través d'Internet i d'altres mètodes de comunicació alternativa ha impedit que aquest control arribi als extrems que ens pronosticava Georges Orwell en seu llibre *1984*. Però hem de ser conscients del perill a què ens enfrontem i estar disposats a combatre'l amb totes les armes de la nostra intel·ligència.

Tornant al cas *Egunkaria*, em sembla molt preocupant que —en general— ni els mitjans de comunicació ni els col·lectius socials més sensibles en aquesta matèria hagin donat el ressò que caldria al cas, una vegada coneguda la sentència absolutòria.

El mal ja estava consumat, és cert, però la reparació moral que hauria significat que, de manera conjunta, molts diaris, televisions, ràdios i entitats (ja no dic partits polítics) haguessin fet públics comunicats de rebuig i crítica als qui van ser els autors materials i intel·lectuals d'aquell atac a la llibertat d'expressió, sens dubte hauria confortat una mica els qui el van patir en carn pròpia. Penso, sincerament, que encara els ho devem i que mai no és tard per esmenar les omissions.

Context polític i social del moment

Voldria concloure aquest apartat tot fent esment al context social i polític en què va començar aquesta història, i comparar-lo breument amb l'actual, tot fent alguna referència al rol que la justícia ha tingut durant aquests anys.

La sentència absolutòria dictada per l'Audiència Nacional l'any 2010 no tan sols conté un sever correctiu jurídic al jutge Luis del Olmo, sinó que palesa dues coses força interessants i gratificadores.

D'entrada, li diu que els prejudicis ètics o polítics mai no han de determinar una decisió judicial, i que, per tant, l'argument genèric que a Euskadi, durant els anys noranta, tot moviment o entitat defensors dels principis independentistes o de l'èuscar eren *l'entorn d'ETA* no pot admetre's en un Estat democràtic plural.

A continuació, recorda que cal ser molt més curosos en el control de les condicions de la detenció i el trasllat dels sospitosos a dependències policials, amb clara referència a la Guàrdia Civil, atès que, com que hi és aplicable una legislació restrictiva especial del dret de defensa (advocat d'ofici, incomunicació, accés limitat al metge forense, etc.), s'ha de vetllar perquè no es produeixin tortures físiques i/o psíquiques. És a dir, es reconeix que aquestes conductes inadmissibles per part de les forces de seguretat existeixen, encara que no siguin freqüents.

Finalment, censura les acusacions que haguessin mantingut viu el procés durant tots aquells anys, malgrat que els indicis incriminatoris eren tan febles que no resistien una valoració objectiva i imparcial.

Crec que aquesta sentència ha significat, o així almenys ho espero, un punt d'inflexió en la tendència judicial d'aplicar criteris extrajurídics a l'hora de declarar la culpabilitat en les causes on hi ha acusades persones amb ideologia independentista. Fins llavors, quan llegeixo moltes de les resolucions que afectaven el món abertzale, fossin per terrorisme de militants de grup armat o contra simples col·laboradors, constato que alguns dels meus col·legues de professió es deixaven anar amb massa facilitat per apriorismes mancats de corroboració objectiva.

Era l'any 2003, i estic convençut que l'ordre d'entrada, escorcoll i tancament del diari no va ser només decisió del jutge Del Olmo, ja que en aquella època la Guàrdia Civil no movia un peu sense el coneixement i el consentiment previ dels responsables dels ministeris d'Interior i Defensa. No oblidem que es tracta d'un cos policial militar.

Si els informes elaborats pels comandaments policials i adjuntats a l'atestat no s'ajustaven estrictament a la veritat, fins al punt que van poder induir el jutge instructor a adoptar una mesura restrictiva de drets fonamentals que la mateixa Audiència Nacional declara il·legal i desproporcionada, algú amb alta responsabilitat política en els esmentats ministeris hauria d'explicar per què es va autoritzar la presentació de la denúncia.

Potser ens ajudaria a entendre-ho el fet que Luis del Olmo havia estat fins feia poc jutge a Durango, i que no se l'havia tractat precisament amb estimació per part del Govern Ibarretxe ni pels mitjans de comunicació propers al món abertzale, atès el contingut d'algunes de les seves resolucions. També cal tenir en compte la situació política d'enfrontament dialèctic que en aquella època hi havia entre el Govern de Madrid (amb majoria absoluta del PP, presidit pel senyor Aznar) i el del *lehendakari* (amb majoria del PNV), atès que ja començaven a fer-se públics alguns dels detalls del projecte de reforma constitucional del que, més tard, s'anomenaria Pla Ibarretxe, adreçat a convertir l'Estat espanyol en una federació d'estats lliures associats. Proposta que, seguint tots els passos legals, va portar al Congrés dels Diputats espanyol i va ser derrotada amb els vots del PP i el PSOE.

Quan una sentència declara injust tot el procés de tancament d'un mitjà de comunicació i l'empresonament preventiu dels seus dirigents, cal reparar de manera immediata els danys materials i morals causats a tots els perjudicats, entre els quals també escau comptar els milers de lectors del diari. Com podem acceptar que aquesta reparació col·lectiva encara estigui pendent?

Al lector li correspon treure les seves pròpies conclusions. Jo només apunto que, amb el cop de puny contra el món independentista que va representar el cas *Egunkaria*, el Govern central va aconseguir aturar l'increment dels moviments populars que consideraven mort l'Estatut d'autonomia i reclamaven un nou encaix d'Euskadi dins d'Espanya.

Altra volta la por, sempre tan eficaç!

Un Estat de dret en fallida

Avancem una mica i anem a l'any 2008, quan la justícia va ensenyar una de les imatges més vergonyoses de la seva història. Un banc dels acusats on s'asseien el *lehendakari* Juan José Ibarretxe, el senyor Patxi López, president del Partit Socialista d'Euskadi, i el dirigent de la il·legalitzada Batasuna, senyor Arnaldo Otegi, a més d'altres destacats responsables dels seus respectius partits.

Quina era l'acusació? Haver-se reunit per trobar fórmules de diàleg que permetessin posar fi a la violència etarra. Dit d'una altra manera, parlar sobre com hauria de ser el procés de pau definitiva a Euskadi.

Han passat cinc anys, però encara no me'n sé avenir.

Per sort, el Tribunal Superior de Justícia del País Basc va posar fi —amb el vot en contra d'un dels membres de la Sala Penal— a aquell nou disbarat jurídic, contaminat per les interferències polítiques.

Fem un breu repàs a tot el procés. El 27 d'abril del 2006, el Foro de Ermua va interposar una querella imputant-los un delicte de desobediència al Tribunal Suprem, en considerar que les reunions dutes a terme per parlar de la pau vulneraven la prohibició que contenia la sentència que va declarar la il·legalització del partit polític Batasuna.

Durant el mes de juliol, una vegada finalitzada la instrucció del cas, aquella acusació particular va presentar, amb la col·laboració d'una entitat feixista anomenada Dignidad y Justicia, un escrit de conclusions provisionals en què demanava la convocatòria de judici oral i petició de condemna a penes de presó, que arribaven fins als deu anys de privació de llibertat, a més de la inhabilitació especial per ocupar qualsevol càrrec públic. La Fiscalia va demanar la lliure absolució.

El judici es va celebrar el dia 8 de gener del 2009, i, en el tràmit de qüestions processals prèvies, les defenses dels acusats van demanar l'arxivament immediat del cas, atès que —d'acord amb una recent jurisprudència del Tribunal Suprem, coneguda com la *doctrina Botín*, perquè afectava el president del Banco Santander— les acusacions populars no estaven legitimades —per si soles— per continuar el judici.

Es tractava d'una qüestió tècnica, però que li va venir molt bé al tribunal per no haver d'enfrontar-se al dilema moral d'aplicar la llei de manera literal o interpretar-la amb seny.

Els fets no els negava ningú. Tots els acusats reconeixien haver-se reunit en diverses ocasions durant els anys 2006 i 2007, en llocs públics i sense clandestinitat, per tal de trobar punts d'acord que permetessin avançar vers la pacificació d'Euskadi, encara que els resultats no van ser gaire satisfactoris, atesa l'actitud rígida d'un sector de la banda armada ETA. Però el debat era un altre: si aquell diàleg infringia la prohibició d'activitats que el Tribunal Suprem havia imposat als dirigents de Batasuna, entre els quals hi havia Arnaldo Otegi, Rufino Etxeberria i Olatz Dañobeitia. I si mantenir reunions de treball amb ells constituïa cooperació en el delicte de desobediència a l'autoritat judicial.

Mai no ho podrem saber, ja que, amb majoria de dos vots contra un, el tribunal va acceptar la petició d'arxivament i el judici no es va arribar a celebrar. Un any més tard, el Tribunal Suprem va confirmar el sobreseïment lliure de la causa sense entrar en el fons del debat polític i jurídic subjacent.

La lliçó que hem de treure d'aquell absurd atzucac, però, és que si el diàleg en recerca de la pau mereix que els interlocutors acabin asseguts al banc dels acusats, la justícia del país que permet això està malalta.

El dret a votar

Una valoració similar mereix, segons la meva modesta opinió, la sentència del Tribunal Constitucional de 12 de setembre del 2008, que va declarar inconstitucional la Llei de consultes aprovada pel Parlament d'Euskadi, precedent que ens avisa del risc que la Llei catalana de consultes no referendàries acabi de la mateixa manera.

No voldria ser reiteratiu en recordar que cap norma legal no és immodificable. La Constitució tampoc. Rebutjar el dret de participació política dels ciutadans bascos i catalans amb l'argument que preguntar-los la seva opinió sobre fets rellevants per al seu futur és competència exclusiva del Congrés dels Diputats estatal esdevé una resposta en clau estrictament política i no pas jurídica.

Hom pot considerar més o menys convenient el contingut de la pregunta i la data de la consulta, però negar el dret a contestar-la és incompatible amb els principis democràtics de qualsevol Estat de dret.

Com recull l'informe emès pel Consell Assessor de la Transició Nacional lliurat al Parlament el dia 25 de juliol del 2013, signat per l'eminent jurista senyor Carles Viver Pi-Sunyer (expresident del Tribunal Constitucional) i catorze experts en dret internacional comparat, tota societat democràtica avançada es regeix per un principi immutable: que els poders públics han de fomentar la participació cívica dels seus ciutadans a l'hora de decidir temes importants per al seu futur.

I no cal dir que quin ha de ser l'estatut legal (Estat propi independent, federal, confederal, autonòmic o unitari) de la nació on vius és la qüestió més rellevant de totes les que es puguin plantejar, atès que afecta els qui demanem el dret a votar i la propera generació.

En ambdues nacions es repeteix el mateix debat: si la legislació espanyola actual permet dur a terme aquest concret dret al vot, amb posicions clarament antagòniques segons qui sigui l'opinador.

En l'ordenament jurídic vigent, hi ha un total de cinc procediments que permeten dur a terme aquesta consulta que ja es va negar als bascos l'any 2009 i —fins al dia d'escriure aquestes pàgines— es continua negant als catalans.

1. La prevista en l'article 92 de la Constitució espanyola, i que consisteix que el Govern central autoritzi directament la convocatòria d'un referèndum vinculant.

2. La que recull l'article 150.2 CE, en el sentit que delegui aquella competència en el Govern autonòmic.

3. L'aplicació directa de la Llei de consultes 4/10 aprovada pel Parlament de Catalunya, amb valor jurídic igual a un referèndum.

4. La prevista en la recent Llei catalana de consultes no referendàries, que preveu la possibilitat de preguntar al poble —sense força jurídica vinculant— quan el Govern estatal hagi denegat les anteriors alternatives.

5. L'aprovació d'una proposició de llei que plantegi al Congrés dels Diputats la reforma de la Constitució, en especial l'article 2, quan parla de la «*indisoluble unidad de España*».

Qualsevol de les cinc s'ajusta al dret i poden ser emprades de manera successiva, amb l'objectiu d'exhaurir totes les vies de diàleg constructiu, abans d'arribar a la darrera opció: la declaració unilateral d'independència (DUI) si el poble concernit decideix, per una àmplia majoria, votar a favor de la primera alternativa política.

S'han escrit ja molts llibres i dictàmens sobre aquesta qüestió, raó per la qual jo no m'hi estendré gaire més. No correspon a un jutge avançar el que succeirà en els propers anys, tant a Catalunya com a Euskadi. És la societat i els seus representants polítics els que ho han de decidir. I ja se'ls ha cridat a fer-ho el propvinent nou de novembre del 2014. Esperem que tothom sàpiga estar a l'alçada de les seves responsabilitats!!!

Tan sols voldria deixar escrit que els conflictes polítics han de ser resolts en seu política institucional, no davant dels tribunals de justícia. Ho va deixar prou clar el Tribunal Internacional de Justícia (TIJ) en la sentència de 22 de juliol del 2010, quan a requeriment de l'Assemblea General de les Nacions Unides va dir que en dret internacional no existeix cap norma que prohibeixi l'exercici del dret d'autodeterminació ni les declaracions unilaterals d'independència, tot recordant que —en el cas de Kosovo que estava analitzant—, tanmateix, primer cal dur a terme tots els passos necessaris per pactar un acord amb l'Estat democràtic del qual fins llavors es formava part. I, si aquest acord no és possible, esgotar totes les vies legals internes abans de sotmetre la qüestió al Tribunal.

Confio que tant els ciutadans electors com els diputats elegits, estatals i autonòmics, en siguin conscients i segueixin escrupolosament aquelles assenyades recomanacions, ja que en depèn el futur de tots.

Justícia restaurativa: oblit o perdó

Entro ara en un camp gairebé tan espinós com l'anterior, però que considero imprescindible que sigui objecte de reflexió per part de tothom qui vulgui entendre com funciona el món judicial.

Sovint, els ciutadans pensen que la funció dels jutges acaba quan han dictat sentència, però no és així. De les quatre fases que té tot procediment judicial, la més complicada és la de l'execució del que anomenem *fallo*, segons l'argot judicial.

D'entrada, permeteu-me que critiqui el poc encert del legislador a l'hora de posar nom a aquesta part final de la sentència. Justament es tracta de no *fallar* gaire i encertar-la. Però, què hi farem, així és com se'n diu. Afortunadament, en català la cosa té molt més sentit, ja que s'anomena *part dispositiva.*

Una de les característiques més nefastes de l'actual sistema judicial és que, amb massa freqüència, executar el que va decidir el tribunal costa molt més —temps i esforços— del que seria raonable. A banda de la comprensible resistència de la part que ha perdut el plet a complir sense dilacions allò que se li ordena (pagar una quantitat, fer alguna cosa, deixar d'obstruir l'exercici legítim d'un dret, retornar allò que es posseeix sense títol legal o complir una condemna), les tàctiques gairebé fraudulentes per eludir l'acció final de la justícia estan a l'ordre del dia.

Condemnats que fugen del domicili per tal de no ingressar al centre penitenciari assignat; deutors que desapareixen per no haver de fer front als crèdits vençuts i executius; persones que posen els seus béns a nom de tercers amb l'objectiu d'evitar que els siguin embargats; etc. La llista es faria inacabable, ja que la imaginació popular sempre va per davant de la lenta maquinària judicial. La policia ja s'encarrega de fer-los complir per la força, però cal admetre que els afectats no hi col·laboren gaire.

Atesa la meva especialitat professional en el camp del dret penal, el lector em permetrà que centri aquestes properes pàgines en l'execució de les sentències criminals, és a dir, aquelles que condemnen a penes de presó.

En el capítol dedicat al pecat de la ira, ja vaig avançar que la resposta punitiva ha de ser proporcionada si no volem convertir la justícia en venjança. I, gairebé tan important com això, és que la sentència imposada es compleixi, car, en cas contrari, es genera una sensació d'impunitat inadmissible en un Estat de dret.

La llei atorga als jutges un ampli ventall d'alternatives per fer complir la condemna, que van des de l'atorgament del benefici de la suspensió condicional (quan és delinqüent primari i el delicte no és greu), passant per la substitució de la pena per una mesura de seguretat (com són els casos de condemnats addictes al consum de drogues) amb l'objectiu d'assolir la rehabilitació del culpable i evitar la reincidència, fins a l'extinció de la pena privativa de llibertat en un centre penitenciari.

El nostre marge de maniobra és molt gran, i, precisament per això, els criteris aplicables han d'estar molt ben pensats i reflectits en la jurisprudència, a fi i efecte d'evitar situacions de greuge comparatiu. Mai, però, no podran ser de caràcter vinculant, atesa la pluralitat de situacions personals del culpable, objectives del fet, temporals, de l'entorn familiar, etc., circumstàncies que sempre cal tenir en compte.

Doncs bé, aquí rau una part important del problema, atès que, com molt bé saben els advocats, no és el mateix que l'execució de la pena la decideixi un jutge o un altre. I, evidentment, no es pot escollir.

No voldria pas donar una lliçó de dret penitenciari, ja prou que ho faig en la meva activitat docent, única que els jutges i fiscals podem compatibilitzar amb l'exercici de la jurisdicció. Però sí que m'atreviré a explicar algunes coses que potser serviran per descobrir com funciona realment el sistema i així bandejar alguns dubtes o prejudicis.

En primer lloc, he de matisar que romandre vint-i-quatre hores tancat en una presó no és estar, precisament, de vacances. Poden estar segurs que es fan molt i molt llargues. El rellotge no corre a la mateixa velocitat que quan s'és al carrer, en llibertat. I, just per aquest motiu, els jutges hem de ser molt curosos a l'hora de decidir els anys i mesos de presó que imposem a un culpable.

La norma és de caràcter genèric i recull sempre des d'un mínim fins a un màxim de pena. Per exemple, un dels delictes més freqüents, i que dissortadament algun lector haurà sofert en el decurs de la seva vida, és el robatori. Si s'ha utilitzat violència o intimidació contra la víctima, el jutge pot condemnar l'autor de dos a cinc anys d'internament en presó. Si només ha emprat força (trencament de porta, finestra, etc.), la pena va de sis mesos a dos anys. Com es pot comprovar, el marge de maniobra és enorme i la individualització concreta dependrà d'una sèrie de factors aleatoris: si escau apreciar alguna circumstància agreujant, o algun atenuant, l'edat del culpable, l'import del perjudici ocasionat, etc.

Una vegada fixada en cada cas, cal decidir si hi ha motius que justifiquin donar una segona oportunitat a l'infractor. La llei exigeix que no sigui reincident, que la sanció imposada no superi els dos anys de presó i que hagi indemnitzat la víctima. Afortunadament, en el 70% dels casos aquests tres requisits es compleixen, i el condemnat acaba amb una resolució a les mans que li concedeix el benefici de la suspensió condicional, és a dir, poder extingir la pena en règim de llibertat sempre que no torni a delinquir. Podem també imposar-li algunes condicions addicionals, com prohibició d'apropament a la víctima, canvi de municipi de residència, retirada del carnet de conduir, submissió a algun programa educatiu o terapèutic.

En el sistema anglosaxó, aquest període es vigila amb controls aleatoris dels anomenats *probation officier*, o sigui, «l'oficial de prova de la condicional». Segur que molts lectors hauran vist aquest funcionari en films americans. Però, al nostre país, aquesta figura no existeix. Sempre que l'hem reclamat se'ns contesta des del Ministeri de Justícia que no hi ha diners.

La conseqüència és òbvia. Ningú no controla que la persona sotmesa a prova compleixi els requisits de la seva llibertat. Els jutges només ens assabentem que les ha infringit si torna a delinquir i és detingut. Llavors se li revoca el benefici i ingressa immediatament a presó per complir la condemna. Però, és clar, el mal ja està fet.

La solució que adopten alguns dels meus col·legues, afortunadament pocs, és força curiosa. Es diuen a si mateixos que si no disposen de mecanismes adients per controlar el perill de reincidència, el millor que es pot fer és no córrer aquest risc, i, per tant, deneguen la suspensió condicional i ordenen l'ingrés a presó, com si ja no hi hagués prou saturació d'interns en els onze centres penitenciaris de Catalunya. Tancat a la presó, segur que no delinqueix.

La majoria, tanmateix, decidim assumir la responsabilitat d'equivocar-nos i atorgar una segona oportunitat a aquells que considerem que no presenten un perfil de criminalitat reiterativa. Si traeixen la nostra confiança, la societat ens demanarà comptes, però poden estar ben segurs que val la pena quan comproves que només un 14,7% tornen a delinquir. La consciència m'impediria dormir tranquil si per culpa d'aquesta minoria negués el dret al 85% restant a demostrar-nos que són capaços de redreçar la seva vida.

Dissortadament, a vegades succeeix algun crim execrable que ens desmunta tots els arguments i ens obliga a pensar si no seria millor trobar altres mètodes de fer justícia.

El cas del company Rafael Tirado, del jutjat penal de Sevilla, n'és un bon exemple. Recordem-lo junts i veurem com una decisió errònia d'un jutge pot acabar amb un ball de bastons entre el Consell General del Poder Judicial i el poder polític, en aquest cas, la Junta d'Andalusia, i, de retruc, amb una picabaralla plena d'enveja entre el col·lectiu judicial i el de secretaris.

L'any 2008, en el jutjat dirigit per Tirado, s'estava tramitant una executòria contra Santiago del Valle, persona que havia estat jutjada i condemnada a una pena de trenta-quatre anys de presó per haver abusat, l'any 2006, d'una nena de cinc anys d'edat. Malauradament, ni la Secretaria judicial ni el jutge no van controlar adequadament l'execució d'aquella sentència malgrat ser ferma, i, fos per lentitud processal, fos per desídia, el cert és que el culpable encara romania en llibertat, esperant rebre l'ordre d'ingrés a presó.

Per desgràcia, abans que es detectés aquell greu retard, Santiago del Valle va violar i assassinar a la ciutat de Huelva una altra menor, Mari Luz Cortés, de qui ja hem parlat una mica en el capítol 3 d'aquest llibre.

Les investigacions policials d'aquell crim van dur fins a Santiago del Valle, i, quan va ser detingut, el jutge de guàrdia es va adonar que, tot i la condemna ferma prèvia pendent de complir, el jutjat penal sota responsabilitat del seu company Tirado no havia cursat encara cap requisitòria de recerca i captura. L'escàndol estava servit.

Els mitjans de comunicació de seguida es van fer ressò d'una veritat irrefutable: si Santiago del Valle hagués estat ingressat al centre penitenciari quan tocava, Mari Luz no hauria estat violada ni assassinada.

La reacció no es va fer esperar. La Junta d'Andalusia va exigir la immediata destitució del jutge Rafael Tirado. Aquest va excusar-se tot donant la culpa de la negligència a la secretària judicial, Juana Gálvez, a qui atribuïa que el jutjat era un caos i ningú no controlava l'estat de les executòries. Al seu torn, aquesta va dir que la culpa era de l'excés de procediments acumulats, la manca de personal de reforç i la poca dedicació laboral del jutge. En fi, tothom es va espolsar les puces donant la culpa als altres.

En l'expedient disciplinari obert pel Consell General del Poder Judicial al jutge, se li va imposar una sanció de multa de 1.500 euros per greu desatenció de les seves obligacions, malgrat que la Fiscalia demanava una suspensió del càrrec durant tres anys o el seu trasllat forçós. El Ministeri de Justícia va imposar a la secretària judicial una suspensió de sou i feina durant sis mesos. És a dir, una resposta sancionadora força lleu i dispar per a ambdós implicats. Tant els pares de la menor assassinada com la consellera de Justícia del Govern autonòmic van fer pública la seva disconformitat.

El conflicte obert, d'una banda, entre la magistratura (que majoritàriament va donar suport al jutge Tirado), el col·lectiu dels secretaris judicials (que gairebé per unanimitat van fer front comú amb la secretària Gálvez), i, d'altra banda, entre el Consell General del Poder Judicial i la Conselleria de Justícia andalusa, encara dura a hores d'ara, amb contínues recriminacions recíproques i acusacions de corporativisme.

En tota aquesta disbauxa, ningú no ha fet, però, res per solucionar l'endèmic problema de la congestió de causes en els jutjats penals d'arreu de l'Estat espanyol, on qualsevol dia pot tornar a passar una desgràcia similar.

Qui va fallar? Tots! El jutge per no treballar una mica més i controlar que els funcionaris del seu jutjat, amb la secretària al capdavant, li donessin compte puntual de l'estat de tramitació de cada procediment. Si l'excés de feina impedeix tenir les causes al dia, com succeeix en quasi tots els jutjats espanyols per les circumstàncies d'insuficiència de plantilla i descoordinació que ja he comentat en el capítol 2 d'aquest llibre, cal tenir la prudència de fer-ne una revisió cada tres mesos, com jo sempre he fet en tots els jutjats on he treballat, i així descobrir aquells procediments que —per una o altra causa— estan indegudament aturats.

També va fallar la secretària judicial, per no posar una mica d'ordre en una oficina on ella mateixa reconeixia que hi havia un gran descontrol administratiu. Cada jutjat té assignada una plantilla de deu a dotze funcionaris tramitadors, o sigui que tampoc no és un equip humà massa gran per no poder tenir ben organitzada i controlada la seva feina.

El Consell General del Poder Judicial per no haver detectat en les inspeccions anuals les greus disfuncions de funcionament i retards del jutjat, i, per tant, no haver adoptat cap mesura correctora.

I la Conselleria de Justícia d'Andalusia, per no haver concedit el reforç de personal d'oficina que havia demanat des de feia mesos la secretària.

Lluny d'assumir cada part la seva quota de culpa, tots segueixen llançant pedres a la teulada del veí, per a desesperació dels pares de Mari Luz. Això sí, ningú no va presentar la seva dimissió per aquest cas.

Insisteixo, allò que va passar al jutjat penal de Sevilla pot tornar a succeir en qualsevol moment i en qualsevol jutjat espanyol. Una altra raó per endegar ja d'una vegada les reformes estructurals i processals que en un capítol anterior m'he atrevit a suggerir.

La pilota està, novament, en mans dels màxims responsables de la política judicial d'aquest país, i molt em temo que continuaran dedicant-se a altres coses menys importants, malgrat el dany i el dolor irreparable ocasionats —per omissió negligent— als familiars de Mari Luz.

El llenguatge i l'ètica judicial

Una de les causes de discussió més habituals entre jutges és si cal el llenguatge críptic que utilitzem en les nostres resolucions. La retòrica innecessària, l'ús de conceptes jurídics presumptament cultes, però en realitat buits de contingut, la redacció de les sentències plenes de deu frases subordinades al costat d'una sola de principal, l'ús abusiu de gerundis que impedeix la correcta comprensió seqüencial del que es vol expressar, i, encara avui dia, la inclusió d'algun llatinisme arcaic per part dels més *puristes*, fa que els ciutadans ens vegin com una casta elitista que viu en el seu món.

El codi ètic europeu, al qual més amunt he fet esment, recull justament unes directrius que van en la direcció completament oposada, en recordar-nos que som un servei públic adreçat als ciutadans, i, per tant, que les nostres decisions han de ser redactades en una terminologia que, sense deixar de ser tècnica i rigorosa, sigui comprensible per a tots ells.

Claredat expositiva, correcció gramatical i sintàctica, motivació raonada del discurs narratiu i valoració analítica del cas concret són principis prou fàcils de complir. I, malgrat això, continuem emprant un llenguatge poc comprensible ple d'una aparent neutralitat i asèpsia.

Una de dues: o no sabem (ignorància) o no volem (mala fe) canviar aquesta situació. Jo tinc ben clar que la resposta correcta és la segona.

Quan en parlem entre nosaltres, apareix de nou l'enveja mal dissimulada entre alguns companys que es consideren els més llestos del col·lectiu. Sense cap pudor, exhibeixen unes sentències massa llargues, plenes de referències a jurisprudència del Tribunal Suprem, els extractes de la qual àdhuc es permeten transcriure en cursiva per demostrar si en són de bons juristes. Tot plegat, parafernàlia per ocultar el seu complex d'inferioritat!

Qui sap el que diu i està convençut de les raons que l'han portat a prendre aquella decisió no necessita amagar els arguments motivacionals sota una capa de tecnicismes superflus.

Si una sentència està redactada d'aquesta manera, i per això no l'entenen, malgrat que la tornin a llegir dues o tres vegades, poden estar ben segurs que el jutge que l'ha dictada té una personalitat poc madura, dubitativa i una autoestima força baixa. Sap que serà llegida no tan sols pels advocats de les parts litigants, sinó també pels ciutadans afectats en el litigi. I, per damunt de tot, desitja amagar la pobresa dels arguments sota d'una estora fictícia de coneixements jurídics. L'objectiu no és cap altre que evitar que el destinatari pugui emetre una crítica fonamentada. És difícil combatre allò que no som capaços d'entendre.

Dictar una resolució de cent folis, com tenia el costum de fer l'excompany Garzón, quan el cas es podia explicar en menys de la meitat, demostra dues coses. Primer, que l'autor domina prou bé els recursos informàtics i les bases de dades, que ens proporcionen —si volem— la transcripció literal d'una part important del text d'una altra sentència precedent. Ho sigui, el conegut *cortar i pegar*. Segon, que som davant d'un jutge que prefereix copiar que pensar, un comportament que proporciona una tranquil·litat força gran a l'autor, ja que enllesteix la feina ben aviat i no ha de resoldre gaires dubtes.

Davant d'aquesta representació virtual del que no ha de fer un bon jutge, potser és convenient explicar algunes de les millores que cada un de nosaltres podríem aportar en aquest àmbit.

Per començar, i atès que el jutge ideal no existeix, caldria que quan estem a l'Escola Judicial durant el primer any de la nostra vida professional, una vegada aprovades les oposicions, se'ns obligués a fer un curs de tècniques lingüístiques. Allí aprendríem a redactar seguint els criteris del codi ètic.

Tot seguit, deslliurar-nos d'una vegada per totes de la simulació fictícia que no tenim sentiments, i que, per tant, les nostres sentències són neutres. Lluny d'això, les sentències dels tribunals alemanys, anglesos i nòrdics estan plenes de l'anomenat *emotivisme narratiu*, és a dir, expressen molt bé què sent el jutge quan redacta i per què ho fa a favor d'una part o l'altra. Aquesta percepció personal no impedeix que la seva decisió sigui objectiva i imparcial, puix explica també quines són les raons jurídiques que l'emparen.

Un detall força interessant és l'ús de la primera persona del singular, a diferència de la primera del plural que fem servir els jutges espanyols. Volen demostrar que han entès el conflicte i que assumeixen les conseqüències de la decisió. Nosaltres fem just al contrari, donem a les nostres resolucions un caràcter impersonal precisament per deixar clar que és la llei i no *jo* la que determina quina ha de ser la solució.

L'ús del pronom personal *jo* els permet fer pública la seva opinió sobre el cas que han de resoldre, i demostra davant de la societat la transparència de la seva decisió. Els jutges continentals, però, sota el paraigua protector que som dipositaris de l'autoritat de l'Estat en l'àmbit judicial, parlem a través de les nostres sentències en clau anònima, òrfena de sentiments, i, a vegades, de sentit comú.

Davant de les crítiques que aquesta mena de resolucions *socialment emotives* poden induir el jutge a deixar-se endur pels seus sentiments, més enllà del que diu la llei, l'eminent jurista nord-americana Martha Nussbaum va replicar que tot ésser humà té emocions, ho vulgui reconèixer o no, i que l'important és no caure en el parany de l'empatia o l'odi cecs, sinó ser capaços d'identificar racionalment quina de les dues parts en conflicte té la raó, i, tot seguit, fer-li costat amb arguments jurídics i socials.

De nou, el vell axioma sobre la imprescindible neutralitat judicial, que es confon intencionadament amb la independència, la imparcialitat i l'objectivitat, malgrat que són coses prou diferents.

No oblidem mai que l'article 6.1 del Conveni europeu de drets humans recull que «tota persona té dret que la seva causa sigui escoltada i vista de forma equitativa, en audiència pública, i dins d'un termini raonable, per un tribunal independent i imparcial, prèviament determinat per la llei». No diu res de la neutralitat.

La imparcialitat no és indiferència; ans al contrari, és compromís amb el deure d'esbrinar la veritat i tutelar el que té la raó.

La imatge al·legòrica de la Justícia amb els ulls embenats és falsa. La deessa grega veu prou bé allò que està jutjant, però, o mira cap a una altra banda, o sap distingir encara millor a qui —un dia o altre— pot tornar el favor. Ja he dit que, afortunadament, els companys de professió que prioritzen aquesta censurable conducta són pocs, però, encara que només siguin un centenar en un col·lectiu de poc més de 5.000 homes i dones, ja són massa.

Fixeu-vos que molts d'aquests jutges responen al model *buròcrata* que tant va criticar amb encert un dels millors juristes espanyols, amb qui vaig tenir l'honor de compartir tres anys de la meva carrera de dret, ell com a professor i jo com alumne, el catedràtic Alejandro Nieto. En el seu magnífic assaig publicat l'any 2004 amb el títol *El desgobierno judicial*, classifica els jutges en tres categories: el funcionari, el buròcrata i el responsable.

Dels primers, diu que són aquells que consideren l'exercici de la judicatura com un ofici. Podrien haver estat notaris o registradors de la propietat, ja que el que els interessa més és no complicar-se la vida, arribar a final de mes i cobrar un sou que no està gens malament, i passar desapercebuts davant el Servei d'Inspecció i l'opinió pública. Si alguna cosa no els surt com volien, acostumen a donar la culpa al legislador, tot recriminant que la llei no està ben feta, però ells l'han d'aplicar, tant si els agrada com si no. Les seves resolucions són molt formalistes i òrfenes de raonament propi, repetitives, plenes de mots arcaics i frases fetes. Conscients que per aplicar la llei de forma literal mai no se'ls podran exigir responsabilitats, sacrifiquen el valor justícia amb l'excusa del principi de legalitat. Així que poden, es treuen de sobre la feina arxivant el procediment tan bon punt s'adonen que alguna de les parts ha comès un error, encara que sigui esmenable. Són els reis de les interlocutòries d'inhibició en favor d'altres jutjats, al·legant una dubtosa manca de competència territorial o funcional, i els coneixereu perquè poques vegades s'enduen feina a casa quan surten del jutjat a primera hora de la tarda.

Els segons són aquells que es dediquen a *anar tirant* i a *fer el trepa*, o sigui, que dediquen més temps a buscar maneres d'escaquejar-se del treball diari i a mantenir bones relacions amb els qui tenen poder, que a administrar justícia. Una de les característiques que els delaten és la seva excessiva tendència a canviar de destí, bé per concursar cada vegada que poden a un altre jutjat menys carregat de feina, bé per demanar successius càrrecs d'assessorament o inspecció als organismes propers al Ministeri de Justícia. Fer informes i anar a reunions estèrils sembla que els satisfà molt més que escoltar els problemes dels ciutadans. Atès que no dediquen precisament les hores de treball que s'han de dedicar als expedients més complicats, quan aquests comencen a patir un retard que fa pensar que alguna de les parts afectades començarà a denunciar el fet al Consell General del Poder Judicial, miren delerosos cada matí el BOE a veure si hi ha alguna nova plaça profitosa on anar a parar, abans no comencin a demanar-li explicacions i corri el risc de ser sancionat.

El darrer grup —afegeixo jo, la immensa majoria de jutges—, els considera gairebé com unes víctimes del sistema i ens ofereix consol. No cal dir que li agraïm molt, però amb això no anem gaire lluny. Té tota la raó quan diu que el nostre afany de fer *justícia* està condemnat d'antuvi al fracàs, si més no de manera plena i com —ingènuament— espera la gent, atès que l'agenda de feina és tan feixuga que ens impedeix dedicar a cada cas el temps i la serenitat que voldríem, alhora que reconeix que hem de treballar amb unes lleis completament antiquades i uns mitjans materials propis del segle passat. Ens anomena amb ironia *jutges d'urgència*, puix que sempre ens arriba el malalt gairebé difunt i només podem donar-li algunes cures pal·liatives.

Mai no podré agrair prou al professor Nieto la seva sinceritat quan, el juliol de l'any 1976, l'últim dia del curs en què la meva promoció acabava la carrera de dret i ens vam acomiadar, li vaig dir que volia ser jutge, però que primer havia de guanyar-me la vida exercint uns anys d'advocat. Recordo que em va mirar de fit a fit als ulls i em va contestar: «Vidal, ningú no hauria de ser jutge sense abans haver-se enfrontat als paranys de la vida real, i això només es pot aconseguir després d'uns anys defensant els més miserables de la societat».

Hi ha persones que et marquen per sempre, i sens dubte ell en va ser una. Jo estava segur que amb l'accés al poder del PSOE l'any 1982, el seu prestigi i la seva experiència el portarien a assumir alguna de les més altes responsabilitats en el món jurídic. Em vaig equivocar. Era massa savi i honest per ser elegit pels polítics de torn.

L'enveja entre el Tribunal Suprem i el Tribunal Constitucional

No voldria acabar aquest capítol sent groller o anticlerical, però, tornant al vici de l'enveja, cada vegada que veig com s'apunyalen per l'esquena alguns magistrats del Tribunal Suprem i del Tribunal Constitucional, penso en com es deuen desenvolupar les lluites internes entre cardenals al Vaticà. I, si no, que li diguin al papa Benet XVI, jubilat per decisió pròpia en no poder aguantar més les insídies de palau i els espies de saló. Tant de bo el seu successor Francesc canviï les coses. De moment, els seus primers mesos són força encoratjadors i li desitjo tota la sort del món. I ho dic jo, un agnòstic empedreït.

El Tribunal Constitucional i el Tribunal Suprem són els màxims intèrprets de la llei constitucional i ordinària. Han de donar exemple de concòrdia, laboriositat, encert jurídic i bona conducta professional, així com un mutu respecte institucional.

La realitat està molt lluny d'aquesta *quimera*, paraula que jo ja no recordava que existís en el diccionari, fins que la va fer servir el nostre popular rei. Bé, últimament sembla que no tan popular, segons les enquestes del Centre d'Investigacions Sociològiques (CIS).

El panorama és desolador i les travetes recíproques, contínues. Vegem-ho!

Ja l'any 1994, el Ple del Tribunal Suprem va enviar una carta al rei, on, atesa la seva condició de cap de l'Estat, li demanava una mediació amb el Tribunal Constitucional, al qual acusava d'interferir en les seves competències jurisdiccionals exclusives, sobretot en l'àmbit civil. La queixa tenia l'arrel en les reiterades sentències del màxim intèrpret de la Constitució, en què anul·lava per via de recurs d'empara resolucions dictades pel Tribunal Suprem en fase de cassació, sota l'argument que el dret a la tutela judicial efectiva que recull l'article 24.1 CE els permetia portar la contrària al més alt tribunal ordinari, si no compartien els seus criteris jurídics, àdhuc en la interpretació de les lleis processals o substantives.

No sé si aquella mediació es va arribar a produir, atès que és matèria reservada i secret d'Estat, però en tot cas no va donar gaires fruits. Les recriminacions recíproques van continuar, fins que l'any 2001 —sentència de 5 de novembre— es va produir un conflicte molt greu entre ambdues institucions jurídiques, quan el Tribunal Suprem va dictar una sentència en què acusava els magistrats del Constitucional [*sic*] «d'ignorància inexcusable», i declarava al seu càrrec una responsabilitat civil simbòlica, en reparació del dany causat a la part litigant que havia vist anul·lada la decisió al seu favor dictada pel Suprem.

Vull ser fidel a la jurisprudència, i per això el lector em perdonarà que faci una transcripció literal d'algunes de les frases amb més *mala intenció* d'aquella resolució.

Diu el Tribunal Suprem: «La sentència del Tribunal Constitucional conté uns raonaments inacceptables, puix que desconeix els conceptes bàsics de la instància processal, i cau en un error inexcusable per ignorància....». En un altre fonament de dret, hi afegeix: «al marge de la legalitat, es modifica la indemnització fixada per aquesta Sala, i es fan consideracions impròpies d'un tribunal, fins i tot, algunes de falses, que ens provoquen estupor».

En fi, poca broma. Si jo o qualsevol altre jutge redactés una sentència amb frases similars, la meva carrera judicial duraria menys que un caramel al pati d'una escola.

Malauradament, des de llavors les coses no han millorat gaire i al Tribunal Suprem cada vegada són més crítics amb el prestigi dels juristes que són nomenats membres del Constitucional. Els espuris mecanismes de selecció que ja hem explicat en un capítol anterior sembla clar que no ajuden gens a modificar aquesta percepció, ara ja estesa a una gran part de la ciutadania.

Recorda la dita popular que «l'enveja és mala consellera». I si aquest pecat capital el cometen els integrants dels dos màxims poders de la judicatura, anem per mal camí.

Potser caldrien menys palaus de justícia plens de columnes i escuts, menys cortines sumptuoses i medalles, menys tractament servil de *senyories* i excel·lentíssims senyors, menys *punyetes* a les mànigues de les togues, i una mica més de respecte i amabilitat. Amb els ciutadans, per descomptat, però també entre nosaltres mateixos.

El decorat teatral no pot amagar ja el que hi ha darrere les cortines: un sistema ple de mancances que ningú no sembla disposat a millorar. Bé, no és del tot cert, encara n'hi ha alguns que, plens d'ingenuïtat, no volem llançar la tovallola i ens continuem creient que la justícia s'administra en nom del poble.

VI. La cobdícia

> La llei és com una fràgil teranyina,
> només atrapa els insectes petits
> i sempre deixa passar els més grans.
>
> MARTIN FIERRO

La corrupció és la malaltia més greu que pot afectar una societat democràtica. Destrueix a poc a poc totes les institucions de l'Estat i acaba engolint els ciutadans en una xarxa de desconfiança interminable que ja no se sap on comença i on acaba.

Algun espavilat ens dirà que sembla mentida que encara ens indignem per això, si hom sap que els corruptes existeixen des de l'antiguitat. I, en efecte, si fem una mica d'història, recordarem que ja en el Codi d'Hammurabi, centenars d'anys abans de Jesucrist, es parlava dels polítics i els jutges corruptes amb menyspreu. Fins i tot Sèneca, el gran pensador grec, va ser temptat per la cobdícia desmesurada, puix que les cròniques diuen que no va viure precisament gaire d'acord amb la filosofia existencial que predicava, sempre envoltat de luxe i riquesa.

Ja una mica més cap aquí, al Segle d'Or espanyol, l'obra *El lazarillo de Tormes*, escrita l'any 1554 i d'autor desconegut, ens va demostrar que la picaresca presidia les relacions socials a l'Espanya medieval, i que els jutges corruptes o els polítics corruptors es podien comptar per milers. En sintonia amb el que més tard va dir l'escriptor argentí sobre les lleis, frase que encapçala aquest capítol, també el cronista Guzmán de Alfarache va recollir en la seva obra que la justícia humana: «es *muy larga con el poderoso y demasiado estrecha con el pobre*».

O sigui, que la cosa ve de lluny!

Ara bé, això no significa pas que algun dia no pugui canviar. Depèn de nosaltres, com intentaré explicar tot seguit.

El dret i l'ètica són cercles concèntrics inseparables, malgrat que molts dels nostres representants polítics ens demostrin cada setmana que saben com convertir una rodona en un laberint. I, si no, que els ho demanin als companys Ruz i Castro, instructors dels casos Gürtel i Nóos, a Madrid i Mallorca, respectivament. No sé si els milers de folis que acumulen llurs respectius sumaris són una prova del pes de la llei o un atzucac sense sortida.

Com més investiguen la trama, més draps bruts troben, i arribarà un moment que, o tanquen la instrucció i porten ja a judici les persones contra les quals tenen indicis racionals de criminalitat, o la salut els jugarà una mala passada. Amb el perill afegit que, tot plegat, acabi amb una declaració de fracàs perquè els presumptes delictes hagin ja prescrit.

El lector em permetrà dues llicències literàries que considero especialment escaients en aquest àmbit, alhora que demostratives de fins a quin punt és veritat la dita popular que «l'ésser humà no aprèn dels errors passats».

La primera correspon a un dels filòsofs més importants del segle XIX, Jean Paul Sartre, el qual va dir: «el problema de la nostra societat és que els corruptes sempre són els altres».

Amb la seva ironia punyent, ens recordava que aquest és un mal tan enquistat en la societat que esdevé gairebé impossible eradicar-lo. Qui de nosaltres pot aixecar la mà i dir, sincerament, que mai no ha demanat una factura sense IVA, o que no ha cobrat a un client un preu superior al que hauria estat just, o no ha deixat d'incloure en la seva declaració de renda uns ingressos imprevistos que potser Hisenda no detectarà, tot pensant que —al cap i a la fi— ja contribueix prou a les arques públiques?

Certament són petites *corruptelles*, insignificants al costat dels enormes desfalcs i estafes que cometen aquests grans depredadors de la política i l'economia que, massa sovint, s'escapoleixen de la xarxa judicial. Però no deixen de ser un exemple de fins on està arrelada la idea del «no n'hi ha per a tant, tothom fa el mateix, i, en tot cas, l'important és que no t'enxampin». És a dir, ser més espavilat que els altres.

La qüestió rau en si hem de continuar acceptant que els comportaments corruptes són inherents a l'ésser humà i que formen part del caràcter o la manera de ser de la gent. Tots ho critiquem, però en la nostra vida privada gairebé tots ho practiquem a petita escala.

Probablement, quan més visible és aquesta xacra, és en època de vaques magres, com la que des de l'any 2008 patim a causa de la crisi financera provocada pel sistema capitalista especulatiu. Més enllà del suborn i del tràfic d'influències en les altes instàncies polítiques i econòmiques, el petit frau fiscal, l'engany astut en la publicitat, el preu dels serveis i productes de consum, l'economia submergida, on més d'una quarta part dels treballadors autònoms reals s'amaguen per mantenir el seu negoci, són el pa de cada dia, i, malauradament, la societat respon amb una certa condescendència o bé amb comprensió o enveja.

Que les lleis són un instrument determinant per lluitar-hi és indiscutible, però no n'hi ha prou. Si no canviem la nostra filosofia ètica en aquest camp, ja podem anar redactant normes i sancions que no ens en sortirem pas.

Itàlia n'és l'exemple més evident. El seu Parlament no para de dictar lleis contra la corrupció, que són rebudes per la societat amb menyspreu i burla, conscients que mai no s'aplicaran, atès que els legisladors són justament els més corruptes de tots, començant pels diputats de la Democràcia Cristiana, els de la Lliga Nord, i acabant pels del *pool* del Poble per la Llibertat que encapçala Silvio Berlusconi, exprimer ministre actualment condemnat en ferm per la justícia. Polític i condemnat que, curiosament, en el moment de tancar aquest llibre, encara no ha ingressat a la presó per tal de complir la condemna. Encara sort que el president de la República, en un gest que l'honora, li va denegar l'indult que reclamaven tots els seus acòlits.

Un fenomen tan destructiu com el de la màfia i les seves connexions amb el poder polític seria incomprensible si no fos contínuament retroalimentat per la mateixa societat. Només cal anar a Nàpols o a Sicília (o, sense anar tan lluny, a Marbella) per comprovar-ho en primera persona. És cert que ara ja no es maten jutges, fiscals i policies, com sí que van fer als anys setanta amb Giovanni Falcone i d'altres, però la seva xarxa d'extorsió i influència no ha parat d'estendre's, com demostren les nombroses detencions de sicaris de la *família* que cada any es produeixen arreu d'Europa, alguns dels quals —quina casualitat, ves per on— van decidir venir a viure a Espanya, i més concretament, a la costa mediterrània, entre Alacant i Màlaga.

No cal anar tan enrere, però, per adonar-nos que sempre s'hi pot fer alguna cosa. Recordem que l'any 1992 el jutge Antonio di Pietro va endegar una aferrissada lluita contra les xarxes mafioses italianes, amb l'ajut dels fiscals de Milà i Palerm, moviment ètic i jurídic que es va conèixer amb el nom de Mani Pulite. Des de llavors, centenars de gàngsters i polítics han estat jutjats i condemnats pels tribunals italians, si bé avui dia pocs romanen encara a presó, atès que s'han beneficiat de les benèvoles reduccions de condemna aprovades pel Govern de centredreta presidit per l'incombustible senyor Berlusconi.

Si s'hi han fixat, ambdues situacions, l'espanyola i la italiana, tenen un curiós paral·lelisme gràfic. Tots aquells que surten dels jutjats com a imputats ho fan amb un somriure sorneguer als llavis i sense fer declaracions a la premsa, mentre un cotxe de luxe els espera a les escales, amb xofer inclòs, no cal dir-ho. Són la viva expressió xulesca de l'*«estos no saben con quien estan tratando»*.

No hi ha dubte que, en un Estat democràtic, la corrupció generalitzada és molt més difícil d'amagar que en règims dictatorials. Espanya n'ha estat un bon exemple durant tota la segona meitat del segle xx. Tanmateix, la democràcia no comporta en si mateixa una societat més neta. Els controls socials són més eficients, sí, i la reprovació pública més fàcil per als mitjans de comunicació gràcies a la llibertat de premsa, però els esculls també són més poderosos, com veurem tot seguit.

La segona referència a què volia fer esment és força més recent. L'any 2010, l'escriptor grec Petros Màrkaris va dir en una entrevista: «L'entrada de Grècia i Espanya a la Unió Europea ha suposat una millora innegable en la qualitat de vida dels seus habitants, però també l'inevitable accés a la globalització del crim organitzat i l'evasió de capitals especulatius. Avui, aquestes són les principals fonts de corrupció i, malauradament, crec que la batalla està perduda». L'escepticisme d'aquestes paraules reflecteix, em temo, el sentiment majoritari de la gent d'ambdós països.

Com podem lluitar contra aquesta delinqüència mafiosa amb les armes de la democràcia? Malgrat que sóc plenament conscient de l'enorme dificultat d'aquesta tasca, em permeto apuntar algunes de les mesures concretes que, des de fa anys, alguns jutges i fiscals estem intentant que els representants polítics posin en pràctica, més enllà de simples declaracions de bona voluntat. He de reconèixer, tanmateix, que fins ara sense gaire èxit.

1. La dotació de més mitjans humans i materials a les unitats policials dedicades al crim organitzat, i, en especial, la Unitat de Delictes Econòmics i Financers (UDEF). Des de l'any 2005, els seus recursos no han parat de minvar, tot i les queixes dels successius fiscals anticorrupció davant del Ministeri d'Interior. Per si amb això encara no n'hi hagués prou, el ministre senyor Fernández Díaz ha canviat ja tres vegades el comissari en cap, sembla que perquè —segons males llengües— eren massa *independents* a l'hora d'investigar casos sensibles que afectaven alts càrrecs de la mateixa Administració. O sigui, una vegada més, el qui es mou ja no surt a la foto.

2. L'especialització continuada de jutges i fiscals en aquesta matèria, amb competències d'investigació molt més àmplies que les que la legislació actual permet. Lluny d'això, el Ministeri de Justícia està preparant una reforma de la Llei d'enjudiciament criminal que encara restringeix més l'àmbit jurídic actual, amb

l'excusa que cal protegir el secret de les comunicacions privades i de les dades tributàries dels contribuents.

3. L'augment del càstig penal i professional previst en la llei per als notaris i advocats que cooperen en la planificació i l'execució dels delictes relacionats amb la corrupció. Sense el seu ajut, casos com l'espoli de l'Ajuntament de Marbella o de la Generalitat valenciana no haurien estat possibles.

4. Derogar la legislació especial que tutela de manera excessiva les persones *aforades*, és a dir, polítics i alts càrrecs de l'Administració pública, inclosos els jutges. Les dificultats jurídiques que hi ha per poder investigar-los són enormes, i, una vegada s'aconsegueixen proves indiciàries de la seva conducta il·lícita, encara s'han de superar molts esculls per poder portar-los a judici, com, per exemple, l'autorització prèvia del processament per part dels seus companys en el poder i la freqüent negativa a destituir-los dels seus càrrecs fins que no hi hagi condemna ferma.

5. Aprovar i posar en pràctica de manera immediata una llei de terminis processals, de manera que, entre l'inici de la instrucció judicial fins a la imputació no passin més de sis mesos, i, des d'aquesta fins a la celebració del judici oral no se superi el termini d'un any. La societat està farta de veure com els processos judicials dels *poderosos* s'eternitzen als jutjats.

6. La celeritat en l'adopció de mesures cautelars inicials que afectin la investigació d'aquesta classe d'assumptes, atès que els culpables gaudeixen d'una capacitat de manipulació i destrucció de proves més gran de la que ens podem imaginar. Si en el cas Bárcenas s'hagués decomissat l'ordinador personal de l'extresorer del PP tan bon punt es va descobrir la seva implicació en el presumpte finançament irregular del partit, ara no ens trobaríem amb un disc dur il·legible.

7. Fer obligatòria per llei la paritat de gènere en els llocs clau de l'Administració pública, sobretot en els departaments relacionats amb l'atorgament de subvencions i signatura de convenis amb entitats empresarials dedicades a fer negocis amb ànim de lucre. L'àmbit urbanístic és, sens dubte, un dels més afectats per la corrupció, i l'exemple dels països nòrdics ressenyats en la Directiva 70/2006, sobre transparència en la gestió de recursos públics, ens demostra fins a quin nivell l'ètica de les dones està —ara per ara— molt per damunt de la dels homes.

8. La derogació de totes aquelles normes que atorguen un règim de privilegi als anomenats *delinqüents de coll blanc*. Vull fer especial esment de la Llei d'indult governatiu (que sempre beneficia els mateixos) de l'any 1870 i de la legislació penitenciària que permet la classificació d'aquests delinqüents en règim obert sense haver de complir ni tan sols la meitat de la pena imposada pel tribunal. L'excusa és que no són perillosos ni tampoc hi ha risc de reincidència.

9. La reforma de la llei orgànica del jurat popular, per tal que els ciutadans que siguin escollits per jutjar els polítics acusats de corrupció surtin del cens electoral de comunitats autònomes distintes —d'arreu de l'Estat espanyol— d'aquella on el conseller, diputat, alcalde o regidor exerceixi el seu càrrec. El cas Camps que va afectar el llavors president de la Comunitat Autònoma de València, on el partit governant gaudia —i segueix gaudint— de majoria absoluta, ha demostrat que la independència del jurat pot quedar molt afectada per interessos espuris barrejats. La distància sempre és un factor que ajuda a tenir millor perspectiva i a adoptar decisions més serenes i justes.

10. La independència funcional plena del Ministeri Fiscal, sobretot en tots els assumptes on estiguin implicades persones amb relacions econòmiques o d'amistat amb els cercles de poder. El

cas Nóos, que ja hem comentat en un altre capítol, és un clar exemple de fins on arriba la llarga mà del poder executiu.

Doncs bé, lluny d'implementar alguna d'aquestes mesures, el Govern espanyol s'ha limitat a aprovar (setembre del 2013) un paquet de propostes anomenades *de transparència i regeneració democràtica* per combatre la corrupció.

Les més destacades són aquestes dues: A) incloure en la reforma del Codi penal el delicte específic de finançament il·legal dels partits polítics, i B) obligar els seus tresorers a presentar anualment una relació d'ingressos i despeses.

Em pregunto què és el que volen demostrar amb aquestes mesures, ja que ara ja és delicte qualsevol d'aquestes dues conductes si es fan al marge de la llei. Si els administradors d'un partit polític accepten donacions anònimes que superen els límits fixats per l'actual legislació o no comptabilitzen oficialment tots els ingressos, estan cometent un delicte de falsedat documental en concurs amb frau, malversació i tràfic d'influències, perfectament regulats i castigats en el Codi penal vigent. On és el canvi?

És un clar exemple de simulació populista que cerca enganyar l'opinió pública fent-li creure que s'està fent alguna cosa quan, en realitat, no s'està proposant res de nou. Si aquestes conductes ja són delictives avui i el problema és que no es castiguen, per què hem de confiar que d'ara endavant sí que es perseguiran? La qüestió no és crear fictíciament nous delictes, sinó perseguir eficaçment els que es cometen. Aquesta és la clau de volta en la lluita contra la corrupció.

En el moment de tancar aquestes pàgines, més d'un centenar de càrrecs representants de partits polítics —de dreta i d'esquerra— estatals, autonòmics i locals, així com més de 150 empresaris o icones del món financer, estan imputats penalment en multitud de processos penals, pendents de judici. Cal no desaprofitar-ho i exigir una neteja a fons.

L'aplicació urgent de les anteriors mesures ajudaria que, abans d'acabar l'any 2014, tots aquests sumaris haguessin estat ja jutjats i amb sentència, absolutòria si són innocents o condemnatòria si són culpables.

La societat necessita que així sigui en el segon cas, i els mateixos afectats haurien d'exigir-ho en el primer. Qui ho impedeix, doncs? I per què? Segur que els lectors ja en saben la resposta i no cal que jo els la recordi.

Puros i gomines en el cas Bárcenas

El títol d'aquest apartat se'm va acudir quan, fa uns quants mesos, vaig veure una imatge impagable a la televisió: tres magistrats del Tribunal Constitucional fumant uns havans enormes mentre estaven asseguts a les grades (zona VIP, és clar) de la plaça de braus de Madrid, gaudint d'una *corrida*.

Fa poc, però, he llegit una altra notícia que gairebé supera en mèrits la foto anterior: el senyor Bárcenas va adreçar una queixa al director del centre penitenciari de Soto del Real, on roman en presó preventiva, fent-li saber que els cigars que l'Administració tenia en venda a l'economat no li agradaven prou i que se li havia denegat el dret de fumar els seus propis havans (suposo que de marca cubana Cohiba), que, sense cap problema, li haurien portat la família. No sé pas quina decisió va adoptar l'alt funcionari, però confio que sap que la llei ha de ser igual per a tothom, àdhuc amb un vici tan humà con el de fumar.

Una dada física comuna als quatre afectats (tres jutges i un tresorer del Partit Popular) em va cridar l'atenció. Tots ells anaven molt ben pentinats amb els cabells enrere, plens de gomina. Sembla que a la capital d'Espanya está de moda això de l'immobilisme, i no volen que cap bri d'aire fresc mínimament democràtic els despentini.

El sumari conegut com el dels Papers de Bárcenas, peça separada de l'inicial cas Gürtel, mereix una atenció especial. Dediquem-li unes quantes pàgines, tot i que sóc plenament conscient que el lector potser n'està una mica tip de tanta informació sobre les seves malifetes. Procuraré centrar-me en aquells aspectes més directament relacionats amb el món de la justícia i que siguin poc coneguts.

Sobre Luis Bárcenas s'han escrit milers de pàgines, però potser seria més interessant donar un cop d'ull a la seva estratègia processal en el sumari on està imputat.

Cal admetre que és un mag de les finances i que sap planificar perfectament l'escenificació de cada un dels passos que, a poc a poc, va fent en la defensa del que va afirmar des del primer dia en què se'l va acusar de corrupte: «Jo només era una peça de l'engranatge». És a dir, esteu matant el missatger.

La dosificació de la informació confidencial que, gràcies al seu càrrec, posseïa, li permet anar calibrant quan és el moment idoni per filtrar —al jutge instructor o a la premsa— alguna dada rellevant per a la investigació del cas. Es tracta de la vella estratègia de *marejar la perdiu,* i no cal dir que en aquest cas de perdius n'hi ha dues: el meu col·lega Pablo Ruz i el president del Govern Mariano Rajoy.

Bé, de fet, n'hi ha dues més d'aus que sobrevolen el cas: l'expresident Aznar i la secretària general del Partit Popular, M.ª Dolores de Cospedal, però els papers assignats a cada un d'ells en aquesta representació teatral no estan encara massa clars. I molt em temo que, una vegada el cas hagi arribat a judici i tinguem sentència, tampoc no ens haurem aclarit gaire més.

Abans d'analitzar aquesta intel·ligent estratègia jurídica, el lector em permetrà, però, que dediqui unes línies a un vessant tangencial curiós del cas.

Sempre s'ha dit que a la presó hi ha poques cares famoses del món polític i financer. Històricament, de ben segur ens sobrarien dits de les dues mans si intentéssim recordar noms coneguts que hi han passat per haver estat condemnats com a autors d'un delicte. Mario Conde, Roldán, Barrionuevo, Jesús Gil i alguns altres en són l'excepció que confirma la regla.

Avui, però, aquella màxima sembla que es comença a trencar, i cada vegada són més els qui acaben entre reixes, demostració inequívoca que els diners no són mai a la cartera de la víctima, sinó als sobres que es passen els uns als altres.

Quina lliçó per al *quinqui* de carrer! Algun potser ja ha començat a fer classes de reciclatge, aprofitant que ara pot gaudir de professors gratis a la *trena*.

Deia en Jordi Évole, en un recent article d'opinió titulat «Los pijo-presos», que estava content perquè, per fi, es feia realitat la barreja de classes socials que tant demanava Karl Marx, tot al·ludint a l'estada temporal de Bárcenas al mateix mòdul del centre penitenciari de Madrid on romanen sota custòdia centenars de presos comuns, que compleixen condemna per robatori o estafa.

Home, jo no ho veig tan positiu! El perill que el mestre de les finances es dediqui a ensenyar com es juga al triler amb milions d'euros als seus companys de penúries no em sembla gaire bonic, què volen que els digui. Compartir habitatge sempre és enriquidor, ajuda a millorar els dots de convivència. Però potser caldria adoptar alguna mesura preventiva per tal d'evitar la contaminació *educativa* en l'àmbit criminal. Ja sabem que la presó ha de servir per reeducar els interns, així ho diu la Constitució, però em sembla que la llei no es referia a aquesta mena de *formació* professional.

Bé, anem al fons de la conducta processal de la defensa del senyor Bárcenas, a veure què hi descobrim.

L'extresorer del PP ja va deixar clar des de la seva primera declaració judicial que era perfectament conscient que, amb la seva activitat com a comptable del partit, estava infringint la llei que regula els límits de les donacions, i que, per aquest motiu —en col·laboració amb el seu mentor senyor Lapuerta—, van decidir dur a terme una complicada trama d'ocultació dels imports i els noms dels donants, amb la finalitat de dificultar que es descobrís la procedència dels fons i evitar així que el Tribunal de Comptes s'adonés que els donatius superaven amb escreix els esmentats límits.

Interrogat sobre qui li donava les ordres executives adients per assolir aquells fins defraudatoris, sempre s'ha disculpat tot dient que els famosos fulls manuscrits que recullen la comptabilitat *en negre*, els havia elaborat seguint instruccions de la direcció del PP, però mai no ha volgut identificar nominalment les persones concretes. Al final d'octubre del 2013, però, va fer un pas endavant en afirmar categòricament davant del jutge i en presència de la presumpta receptora senyora de Cospedal, que en una ocasió li va donar *en mano* més de 200.000 euros per a la campanya electoral de Castella-la Manxa, davant la cara estupefacta de Cospedal, que el va titllar de mentider.

Atès el llarg període en què va desenvolupar la funció de tresorer, els noms de dirigents com José M.ª Aznar, Ángel Acebes, Federico Trillo, Rodrigo Rato, Javier Arenas i el mateix Mariano Rajoy han anat sortint periòdicament en els mitjans de comunicació, però ell mai no ha deixat clar quina responsabilitat directa concreta tenia cada un dels esmentats en la presumpta trama corrupta.

Un dels detalls que més va sorprendre l'opinió pública va ser quan, al començament del 2013, va declarar en seu judicial que, atesa la seva «*inquebrantable*» amistat amb l'actual president del Govern, havia obtingut la promesa que tindria un despatx permanent a la seu del PP, amb dret a secretària i xofer, malgrat l'acomiadament laboral aprovat per la cúpula del partit com a conseqüència de la sortida a la llum dels «papers» relatius a la suposada comptabilitat B, situació de permanència privilegiada incomprensible, tot i la indemnització milionària concedida —això sí, de manera diferida, segons paraules, inintel·ligibles, de la portaveu del partit, Dolores de Cospedal— per la rescissió del seu contracte laboral.

No recordo haver vist, al llarg de la meva vida professional de més de vint-i-cinc anys, com a advocat laboralista primer (1977-1988), i jutge fins avui, un tracte tan beneficiós com aquest. Et fan fora de la feina per haver destapat els comptes irregulars de l'empresa, t'indemnitzen amb una suma de diners que cap de nosaltres no hem vist mai junts, i, a sobre, t'ofereixen continuar treballant al despatx oficial amb secretària i xofer, sense cap cost. Això, més que un acomiadament sembla un pacte *de silenci*. O no?

Però es veu que l'home encara no en va tenir prou, i, cada dos o tres mesos, ens obsequia amb un descobriment de secrets que ens manté amb l'ai al cor!

En el moment d'escriure aquestes pàgines, la pilota està en joc a la teulada de dues de les persones més properes al senyor Bárcenas durant l'etapa analitzada: el gerent del partit conservador, senyor Cristóbal Páez, i l'antic tresorer estatal popular, senyor Álvaro Lapuerta.

La situació processal d'ambdós no és gens afalagadora. El primer està imputat per la seva gestió com a *cobrador i pagador* dels famosos sobres. Segons va confessar al jutge instructor, es limitava a recollir-los a les seus dels empresaris que volien fer donatius al PP i lliurar-los a Bárcenas; també els distribuïa periòdicament als alts càrrecs del partit que li ordenaven. Amb sornegueria, va arribar a dir al jutge que no era una feina gaire feixuga, ja que es tractava de bitllets de 500 euros i, és clar, els sobres no pesaven gaire. Déu n'hi do! Quina sang freda.

Sembla que el senyor Páez mai no va ser una persona gaire predisposada a complir la llei, malgrat ser advocat de professió, ja que l'any 2003 ja havia estat investigat en un altre cas de frau quan era director del Departament de Recursos a l'ens públic FEVE, nomenat pel llavors ministre de Foment, senyor Álvarez Cascos. Atès el meu respecte —del tot sincer— pel principi constitucional de presumpció d'innocència, he d'aclarir que mai no va arribar a ser acusat ni jutjat. Ara bé, sembla un mal precedent per justificar que l'any 2005 fos contractat com a gerent pel PP i se li concedís un dels sous més alts dins l'organigrama: 10.000 euros mensuals.

En honor de M.ª Dolores de Cospedal, hem de dir que al final del 2010 el va acomiadar perquè sembla que anava massa per lliure. Això sí, se'n va anar amb una indemnització de més de mig milió d'euros a la butxaca, que no és poca cosa per només cinc anys d'antiguitat.

Actualment està processat en dos sumaris connexos, el del cas Bárcenas i el de la branca valenciana del cas Gürtel. En el primer se li atribueix una cooperació necessària amb la destrucció de proves, atès que ha reconegut que es va endur els ordinadors i la documentació compromesa del despatx que aquell tenia a la seu del PP al carrer Génova de Madrid, quan va ser avisat que l'endemà es produiria una entrada i un registre judicial. Encara no s'ha descobert qui va ser l'autor de la filtració.

En el segon, se li imputa haver participat directament en el desviament de fons públics de la Generalitat valenciana, quan va intervenir en la darrera campanya electoral portant els comptes del partit, i va mantenir nombroses reunions «de treball» amb el senyor Correa i *el Bigotes*.

Em temo que la comprovació d'aquests presumptes delictes serà prou complicada i difícil, atès que, lògicament, les irregularitats comptables no es reflecteixen mai en la documentació oficial dels partits, sobretot si les donacions —prevaricadores— superen els límits del delicte fiscal, avui dia fixat en 120.000 euros. Ja se sap, les mentides no es documenten en els llibres, i, si es fa en algun altre paper, aquest no veu pas la llum pública.

El que més em preocupa d'aquest cas és, tanmateix, la inversió de la càrrega de la prova que des de la Moncloa estan defensant. En dret penal, la innocència d'un acusat es presumeix fins que se'l declara culpable en sentència ferma. En el cas Bárcenas sembla que és just a l'inrevés. Ja l'any 2009, en una de les poques compareixences davant dels mitjans de comunicació que ha concedit Mariano Rajoy per parlar del tema, va dir textualment: «ningú no podrà demostrar mai que Luis no és innocent». Era aquella època en què ambdós encara s'intercanviaven *mails* amistosos, on el president espanyol donava suport al tresorer del partit i a la seva dona, alhora que els encoratjava a aguantar la pressió dels investigadors i la premsa.

He de recordar que en aquell temps el jutge Garzón encara no havia estat apartat de la carrera judicial, i que va ser ell qui va començar la instrucció dels presumptes delictes de corrupció entorn del PP. Fruit de les declaracions del cap de la trama Gürtel, el senyor Francisco Correa, els noms de Luis Bárcenas i Álvaro Lapuerta van anar sortint cada vegada amb més freqüència als sumaris i a la premsa, relacionats sempre amb subvencions públiques i comissions privades entorn dels actes electorals del Partit Popular, actes que Correa s'encarregava d'organitzar a uns preus desorbitats.

Tota aquella íntima amistat es va trencar, però, quan l'any 2012 la justícia va descobrir els comptes corrents que el ja extresorer tenia a Suïssa, Anglaterra, Argentina i als EUA, per un import global superior als 47 milions d'euros.

És prou coneguda la seva explicació inicial a la pregunta d'on havia tret tants diners. L'home va dir que era un inversor de borsa molt llest i afortunat, i que també havia fet sort en una explotació agrària a la Patagònia. Si més no, cal reconèixer al seu favor que va ser una mica més original que el seu col·lega el senyor Fabra, expresident de la Diputació de Castelló, a qui no se li va acudir cap altra cosa que afirmar li havia tocat la loteria de Nadal fins a quatre vegades en els últims cinc anys. Renoi!, n'hi ha que tenen una sort increïble.

Tanmateix, la sospita que un import tan elevat de diners de cap manera no podia haver-se obtingut legalment va planar de seguida damunt del PP, i, en fer-se públics els donatius aportats —segons els *papers* posteriorment fets públics— per empreses com OHL, Fomento de Construcciones y Contratas, Sacyr, etc. durant les darreres campanyes electorals, tothom va començar a lligar caps.

Hom sap que la llei no permet que empreses que es presenten a concursos d'adjudicació d'obres públiques financin el partit que governa i ha de resoldre el concurs, sigui en l'àmbit estatal, autonòmic o local, ja que es tracta d'evitar que els criteris imparcials de l'adjudicació puguin veure's afectats. Cal fer realitat aquella màxima tan vella com coneguda de «la dona del Cèsar, a més de ser honrada, ho ha de semblar». Les aparences són importants en aquest camp, ja que els diners per gastar són de tots.

No sembla pas que el senyor Bárcenas hagués après aquesta lliçó bàsica, i quan va destapar els famosos documents on anotava els presumptes sobresous a alts càrrecs del partit i els donatius del món empresarial, tot, és clar, *en negre* i en una caixa B, ens va descobrir que la *muller* ni era honesta ni tenia cap interès a dissimular-ho.

Per això, no hi ha dubte que les noves tecnologies li han gastat una mala passada al president Rajoy. Els SMS que durant el període comprès entre maig del 2011 i el 2013, quan el tresorer del partit ja havia estat —suposadament— acomiadat, es van intercanviar entre tots dos, no el deixen precisament en un bon lloc. És cert que el seu contingut no demostra pas cap delicte, però la manca d'ètica és evident quan li diu «sobretot, estigues tranquil, fem tot el que podem per tu», en contestar la petició angoixada de l'imputat perquè el protegeixi davant la Fiscalia Anticorrupció.

En aquest punt, he de reconèixer que el ministre de Justícia, el senyor Ruiz Gallardón, ha estat sempre a l'altura del càrrec que ocupa i ha assumit que la Fiscalia ha d'actuar amb les mans lliures. De la mateixa manera que he esmentat algunes decisions seves que jurídicament no puc compartir, també he d'admetre que —fins ara— no se li pot censurar res en relació amb aquest cas, malgrat els problemes que l'assumpte està generant en el si del seu partit polític.

Papers, secrets i mentides

El lector em perdonarà que hagi manllevat aquest títol d'una pellícula que, en la seva època, va fer fama. Es deia *Sexo, mentiras y cintas de vídeo*, i reflectia molt bé l'embolic en què es pot arribar a convertir una prova teòricament objectiva, com és una gravació audiovisual o un document.

La Vanguardia del 20 de gener del 2013 va atorgar al senyor Bárcenas el següent titular: «El guardià dels secrets». L'encert era evident. En una simple frase de quatre paraules se li reconeixia que tenia la clau de la *caixa de Pandora*, i avisava que, si l'arribava a obrir, els vents huracanats que en sortirien acabarien amb tota una generació de polítics adscrits a l'òrbita del Partit Popular.

I, en efecte, el problema d'aquest cas rau en el fet que ell és la peça clau, i, per tant, si li arribés a passar alguna cosa —Déu no ho vulgui—, els secrets i les mentides encara serien més difícils d'esbrinar. Em consta que, al centre penitenciari on està ingressat preventivament, s'han adoptat mesures especials de seguretat al seu entorn, amb l'objectiu d'evitar qualsevol «accident», però ja se sap que a les presons hi ha gent poc pacífica, disposada a complir determinats *encàrrecs*, sobretot si van acompanyats d'un preu elevat prèviament dipositat en el compte corrent d'un familiar o amic de confiança.

No sé si l'absurd incident que va succeir el 23 d'octubre del 2013 a la casa de Madrid on viu la família del senyor Bárcenas, quan una persona vestida com un capellà va accedir al pis i va lligar de mans i peus l'esposa, Rosalía Iglesias, el fill i la majordoma, té res a veure amb aquesta mena de perills. La versió oficial és que va ser l'acció aïllada d'un desequilibrat mental. Potser sí, però no deixa de ser un avís que caldria no menystenir.

Tot plegat té una explicació prou clara si tenim en compte la vida professional del senyor Bárcenas. Dins del partit sempre se l'ha temut més que no pas estimat, ja que era el cervell de les finances que permetien gaudir d'unes fonts de finançament inabastables.

Hem de recordar que va arribar a la gerència del partit amb només vint-i-sis anys, és a dir, acabat de sortir de la Facultat d'Empresarials de la Universitat Pontifícia de Comillas. Mai no ha treballat en cap altre lloc, i ell mateix sempre ha dit que la política no li interessa gens. Malgrat això, des de l'any 2004 és membre del Senat espanyol, a proposta del PP i per la circumscripció de Cantàbria, comunitat autònoma on mai no ha residit. Que curiós, oi? Es pot ser senador per un territori on mai no has estat i defensar els interessos d'una gent que ni tan sols coneixes. La política té aquestes sorpreses!

No serà potser que, amb l'escó de senador, se li va garantir una certa immunitat, atès que li atorgava la condició d'aforat? O sigui, un estatus polític que impedeix ser imputat, jutjat i condemnat si els teus companys del Senat no autoritzen el jutge a investigar-te, com ja he explicat en un capítol anterior.

Tornem, però, a la seva vida al despatx del carrer Génova. Cal reconèixer que va tenir un bon mestre: Rosendo Naseiro, aquell tresorer del PP que l'any 1990 va haver de dimitir en ser processat —mira tu, quina coincidència!— per corrupció i falsedat en els comptes del partit. La història es repeteix, i espero que el cas Bárcenas no acabi igual que aquell, quan el Tribunal Suprem va ordenar l'arxivament del sumari perquè les proves de càrrec obtingudes per la Fiscalia havien vulnerat el dret fonamental al secret de les comunicacions. Sembla que algunes de les escoltes telefòniques on el comptable reconeixia els delictes de tràfic d'influències, suborn i prevaricació, s'havien gravat sense autorització prèvia motivada del jutge instructor.

Se'ns dirà que eren altres temps i ara ja hem après la lliçó, espero que així sigui, però el fet és que en aquella època governava el president Aznar, i avui el seu nom torna a aparèixer cada vegada amb més freqüència.

El magistrat, avui ja jubilat, Antonio Pedreira, quan exercia el càrrec de jutge instructor en el Tribunal Superior de Justícia de Madrid, va tenir la mala sort de topar-se amb una de les ramificacions del cas Gürtel, que afectava dos aforats i per això no podia ser investigada pel jutge instructor de l'Audiència Nacional.

En concret, l'any 2007, va arribar-li una peça separada del cas, i havia de decidir si processava Luis Bárcenas i la seva muller, Rosalía Iglesias, així com José Luis Peñas, regidor del PP.

La instrucció va durar només dos anys i va portar de corcoll el pobre Pedreira, un jurista de gran prestigi i honestedat, però que ja no estava per a gaires disgustos, atesa la seva delicada salut i avançada edat. Els interrogatoris a què va sotmetre el senador Bárcenas van ser famosos, atès que va transcendir que al partit se l'anomenava *Luis el Cabrón*. Ell sempre ho va negar, però, en la comptabilitat interna de la caixa B, les anotacions d'ingressos i pagaments irregulars, on es recollien els presumptes sobresous a la cúpula del PP, portaven les inicials *LB*.

Finalment, els indicis acumulats contra el tresorer no van ser prou sòlids per poder-lo processar, i el jutge Pedreira va arxivar provisionalment el cas fins que les investigacions en curs de la branca valenciana aportessin més dades. Pocs mesos més tard, es va jubilar, i avui no vol ni sentir a parlar d'aquell procediment.

M'imagino, però, que, quan va estudiar la documentació lliurada per les autoritats suïsses, en què li deien que fins poques setmanes abans el senyor Bárcenas i la seva esposa havien acumulat un total de 22 milions d'euros, l'home segur que va pensar que com és possible guanyar honradament tants diners.

I, quan els ho va preguntar, la resposta va ser sorprenent. Resulta que la parella eren socis d'un tal Ángel Sanchís, persona que —casualment— també havia estat tresorer del Partit Popular en l'època de Manuel Fraga. I, segona casualitat, també havia estat imputat en el cas Naseiro. Realment, el món és un mocador. Com recull la dita popular, «*Dios los cría y ellos se juntan*».

La societat era propietària d'una finca a l'Argentina. Res, poca cosa, només unes 30.000 hectàrees. Dues vegades la ciutat de Madrid. Es dedicaven a l'explotació de cítrics, taronges i llimones, i aviam si sabeu quin nom li van posar? Doncs sí, l'heu encertat! Es diu La Moraleja, el paradís dels nous rics de la capital espanyola.

Segur que els lectors han sentit a parlar molt del consell que qualsevol advocat expert en aquests temes dóna sempre al seu client: «Si has d'estafar molts diners a algú, abans tingues preparada una bona xarxa de societats que et permetin blanquejar-los». Òbviament, no sé si la producció de llimones dóna tant com per acumular els milions d'euros que la parella guardava a Suïssa, però tanta coincidència entre els socis, el partit i els processos per corrupció tramitats a Espanya des dels anys noranta fins avui, em sembla com a mínim sospitós.

En fi, el temps dirà què hi ha de veritat i què de mentida en tot aquest embolicat assumpte. De moment, cada declaració aporta noves dades, com les que han fet el president del Senat, Pío García Escudero, el diputat Eugenio Nasarre i el senador Ignacio del Burgo, tot admetent davant del jutge que havien cobrat les sumes que apareixen en les llistes aportades al jutjat pel senyor Bárcenas. Aquesta confessió parcial, acompanyada de les explicacions justificatives del cobrament que cada un d'ells ha considerat adient relatar, ha obligat la portaveu del PP, senyora de Cospedal, a desdir-se i a matisar que no tot el que es recull en els *papers* de l'extresorer és fals, i que caldrà separar allò que és cert d'allò que és mentida. Ho va fer amb una frase prou il·lustrativa: «*que cada palo aguante su vela*».

La cosa estaria prou bé si no fos perquè el partit no sembla pas disposat a facilitar les proves que li demana el jutge. Al final d'agost del 2013, Ruz va reclamar al Departament de Recursos Humans del PP que li lliurés els dos ordinadors personals de Luis Bárcenas, que, segons aquest, encara estaven dipositats al seu despatx del carrer Génova. La resposta va ser fulminant. Els ordinadors existien —i els van lliurar al jutjat—, però els discos durs s'havien esborrat.

Quan es va ordenar la immediata compareixença del responsable del servei d'informàtica del PP, la seva explicació autoexculpatòria va ser força curiosa: la política interna del partit obliga a reformatar tots els ordinadors quan l'usuari habitual se'n va de l'empresa, i, atès que el senyor Bárcenas havia estat acomiadat, tot el contingut dels seus ordinadors es va destruir, sense fer cap còpia de la comptabilitat ni altres arxius que hi havia.

Home, cal admetre que és una excusa original, però difícilment acceptable en dret, atès que l'article 92.4t de la Llei de protecció de dades permet destruir els arxius llevat que tinguin informació d'interès públic. En aquest darrer cas, obliga a conservar-los durant un mínim de cinc anys. És obvi que a l'agost del 2013 tothom sabia ja que al disc dur de l'ordinador de Luis Bárcenas hi havia —segons ell— una còpia de la comptabilitat del partit, coincident amb les anotacions manuals dels famosos *papers*.

Com a jutge, ja entenc que no es pot obligar a ningú a aportar proves que el puguin perjudicar, però d'aquí a destruir-les hi ha un pas molt gran.

Per acabar amb aquesta curiosa estratègia processal, voldria fer palès que el paper que els serveis jurídics del PP han tingut en tota l'evolució del sumari tramitat pel jutge Ruz és —com a mínim— sorprenent. I si no se n'han adonat encara, fixin-se en el següent.

El Partit Popular va comparèixer a títol de part acusadora particular en la causa, tot argumentant que la imatge pública que es donava del partit era molt perjudicial per al seu honor i les seves expectatives electorals. Exercia, així, un dret que la llei atorga als qui, malgrat no ser víctimes directes dels delictes que s'investiguen, sí que poden acreditar que són susceptibles de patir un dany irreparable. El motiu no és cap altre que permetre que puguin defensar la seva imatge davant de les acusacions dels inculpats.

El jutjat d'instrucció els va admetre com a acusació particular, i, a partir d'aquell moment, els va citar en totes les compareixences i declaracions. Tanmateix, per a sorpresa del fiscal i el jutge instructor, cada escrit que la dita part presentava o cada manifestació oral que feia no anava pas en la línia d'aclarir els fets i obtenir proves incriminatòries contra els presumptes culpables. Ans al contrari, en lloc d'actuar en defensa de la societat i del partit, es va dedicar a protegir l'extresorer senyor Bárcenas, fins al punt de demanar en més d'una ocasió el sobreseïment i arxivament de la causa.

Aquest comportament processal il·lògic —si no se'n fa una lectura subliminal— va portar el jutge instructor a demanar informes a la Fiscalia i a l'advocat de l'Estat. Ambdós organismes públics van coincidir que el Partit Popular estava actuant amb frau de llei, i van demanar al jutge que l'expulsés del procediment. El 26 d'abril del 2013, Pablo Ruz va dictar una interlocutòria que passarà a la història de l'absurd judicial, on recollia —amb encert— les nombroses actuacions processals que demostraven que el servei jurídic del partit estava intentant amagar dades que perjudicaven l'acusat, i va decidir excloure'ls del procés per *abús de dret*. La Sala Penal de l'Audiència Nacional va ratificar íntegrament aquella decisió.

Em conforta comprovar que, a vegades, la justícia sap estar en el lloc que li pertoca, i manté, contra tota mena d'obstacles, la dignitat que es mereix.

La fi de la impunitat? Estivill i Caixa Catalunya

Deixeu-me que sigui una mica optimista i dediqui unes quantes pàgines a visualitzar els aspectes positius de tota aquesta corrua de casos de corrupció. Hom sap que de les grans crisis a vegades en surt quelcom nou que permet una regeneració ètica i democràtica. Tant de bo aquest sigui el cas.

Que la impunitat dels poderosos és enorme no ho penso discutir, de tan obvi com és. Però que, des de la justícia, s'està treballant de valent per avançar vers la seva eradicació tampoc no ens ha d'oferir dubtes. Els casos de l'exjutge Pascual Estevill, del banquer Miguel Blesa (Caja Madrid), de l'empresari Gerardo Díaz Ferran (president de la Patronal espanyola), dels directors generals Ricard Pagès (Caixa Penedès) i Adolf Todó (Caixa Catalunya) en són un exemple prou clar.

La llista seria interminable si hi afegíssim els alts càrrecs de Bankia, Caixa Galicia, CAM de València, etc., als quals, sens dubte, s'aniran afegint molts altres directius que van aprofitar la crisi del sector bancari a partir de l'any 2008 per modificar fraudulentament els seus respectius contractes, apujar-se immoralment els sous i planificar la seva sortida del banc o caixa amb unes indemnitzacions o plans de jubilació abusius. La suma dels centenars de milions d'euros que entre tots van endur-se fa marejar. En aquest sentit, és molt important que els processos judicials en marxa facin compatible l'exigència de responsabilitats penals amb la recuperació de les sumes defraudades.

Escau començar admetent que aquesta gran estafa va ser possible perquè van fallar tots els mecanismes de control previ, puix que, si s'haguessin detectat amb l'antelació adient les greus irregularitats comeses, ara no hauríem de fer front a unes conseqüències tan desastroses.

No és estrany, però, si tenim en consideració que tant el Banc d'Espanya com la Sindicatura de Comptes estatal revisen les dades dels partits i les entitats bancàries amb un retard de gairebé cinc anys, com he explicat més amunt. Vull pensar que es tracta d'una lentitud exasperant derivada de negligència, no pas intencionada.

En qualsevol cas, i començant pel cas Estevill, voldria recordar que, l'any 2006, va ser definitivament expulsat de la carrera judicial, després de ser declarat culpable dels delictes de prevaricació continuada, detenció il·legal i suborn, relacionats amb nombroses ordres de llibertat provisional condicionades al fet que l'imputat li fes arribar, a través de l'advocat Piqué Vidal, elevades sumes de diners que ingressava en el seu compte personal.

Ha estat, sens dubte, el procés per corrupció judicial més famós dels darrers anys, però com veurem més endavant, no pas l'últim.

Segons la sentència condemnatòria dictada pel Tribunal Superior de Justícia de Catalunya, durant gairebé deu anys, el jutge i l'advocat van planificar una trama consistent que el primer dictava ordres de presó provisional de persones amb un elevat nivell econòmic, contra les quals prèviament s'havia presentat una querella criminal, i que eren defensades per l'esmentat lletrat. Tot seguit, quan ja havien passat unes setmanes interns al centre penitenciari, i, per tant, eren molt més receptius a propostes de millora substancial de la seva situació, l'advocat els feia arribar la proposta de llibertat a condició que consignessin una important fiança. El problema, era que només una petita part d'aquell import anava a parar a la caixa de dipòsits judicials, sota control de la secretària. La resta anava —sempre en efectiu— a les butxaques del jutge i l'advocat.

El pitjor de tot plegat va ser que Lluís Pascual Estevill va ser nomenat vocal del Consell General del Poder Judicial —durant un període de quatre anys—, quan ja eren públiques les sospites de ser corrupte. A proposta de Convergència i Unió, i amb el vistiplau del Govern socialista, va exercir el càrrec des de l'any 2000 fins al 2004. Probablement va pensar que si accedia a aquell càrrec dins la cúpula de la judicatura, ningú no s'atreviria a imputar-lo penalment, i, una vegada finalitzat el mandat, ja no tornaria a exercir la jurisdicció atesa la seva edat de setanta-dos anys.

El tret no li va sortir com esperava i el Tribunal Superior de Justícia de Catalunya no va tenir cap mirament a l'hora de processar-lo, jutjar-lo i condemnar-lo, sentència que més tard va ser confirmada pel Tribunal Suprem.

Ja he dit en diverses ocasions al llarg d'aquest llibre que, dins l'aparell de la justícia, hi ha pomes podrides, com en qualsevol altra professió, però també és important remarcar que —afortunadament— són poques i a la llarga són descobertes. Res no molesta més al col·lectiu jurídic que se'ns tracti a tots igual quan parlem de corrupció. És injust, i, a més, és incert.

Avui, l'exjutge Estevill ja roman en llibertat condicional per raons humanitàries d'edat, després d'haver complert una llarga pena (deu anys) de presó —prèvia deducció dels quatre anys d'empresonament preventiu soferts—, seguida d'un període transitori de règim obert en tercer grau que l'obligava a anar a dormir al centre penitenciari cada dia.

Un altre exemple més recent i prou important és el de Caixa de Catalunya, avui en mans del FROB (ens públic estatal encarregat de reconduir les entitats bancàries en fallida). El procés judicial del president (Narcís Serra), director general (Adolf Todó) i consellers —un total de cinquanta-dos— tot just és en la fase inicial Jutjat d'Instrucció núm. 30 de Barcelona, però promet un seguit de sorpreses.

El seu titular, el jutge Josep M. Pijoan, és el mateix que va aconseguir tancar al final de juliol del 2013 la instrucció del cas Palau de la Música i enviar a judici els senyors Millet, Montull i quinze imputats més, entre els quals hi ha l'extresorer de Convergència i Unió, Daniel Osàcar. Si no es produeix cap imprevist, a mitjan aquest any 2014 ja s'haurà celebrat el judici oral i dictat sentència. La petició de condemna per part del Ministeri Fiscal és de més de vint-i-cinc anys de presó per a cada un dels màxims responsables, i de cinc a deu anys per als cooperadors.

Cal parar atenció a les declaracions autoexculpatòries dels que ja han hagut de comparèixer davant del jutge a explicar la seva versió dels fets, a títol d'imputats. Demostra fins on aquest sector professional de la banca havia interioritzat que tot els estava permès.

Lluny de reconèixer la seva culpa i demanar perdó, tots fan pinya i al·leguen que, si bé és cert que van apujar-se els sous d'una manera exagerada, si tenim en compte que en el darrer quinqueni gairebé tothom ha vist com se li congelava o rebaixava, aquella decisió va ser absolutament legal. Quan se'ls parla d'ètica o responsabilitat, defugen qualsevol crítica, tot dient que es tractava d'una pràctica habitual en el sector bancari i financer, com si un delicte deixés de ser-ho perquè el cometen moltes persones.

Per si el lector no recorda les xifres de les quals estem parlant, em permetrà que recordi que Caixa Catalunya va entrar en problemes de liquiditat l'any 2009, raó per la qual els seus directius van demanar al Fons de Reestructuració Bancària una injecció de diner públic per un import de 1.250 milions d'euros. L'objectiu d'aquell ajut no era cap altre que garantir la solvència de l'entitat davant dels creditors i tranquil·litzar les persones que hi tenien dipositats llurs estalvis.

Doncs bé, sembla que el Consell d'Administració va aprofitar aquella injecció de capital per apujar, entre els anys 2010 i 2011, un 35% el sou dels màxims directius de l'entitat. Això sí, als impositors que hi tenien contractades preferents o hipoteques, se'ls va dir que la situació financera era tan delicada que no podien oferir-los cap solució per garantir el pagament del deute als primers o la no-execució de desnonaments hipotecaris per retard en la liquidació de les quotes als segons.

En la compareixença davant la comissió del Parlament que investiga la seva conducta a fi de depurar responsabilitats polítiques, expedient paral·lel al sumari judicial on es determinen fets penals, van arribar a dir que aquells augments eren lògics si tenim en compte els maldecaps i la feina que havien d'assumir, fruit de la complexitat derivada en la gestió de Catalunya Caixa. Home, ja ho entenem que quan una empresa va malament els problemes s'acumulen i cal dedicar-hi més hores de treball. Però quan es cobren sous de 800.000 euros a l'any, em sembla que la feina està ja prou ben pagada.

Potser si com a conseqüència de la seva dedicació haguessin aconseguit que l'entitat tornés a ser rendible, els diners haurien estat ben invertits. Però les dades demostren que tampoc no va ser així. L'any passat, el FROB va haver de tornar a injectar 1.718 milions d'euros per evitar la fallida irreversible, i ara l'entitat està en venda (subhasta pública) a preu de liquidació, a veure si hi ha sort i algun banc se la queda per intentar reflotar-la, amb la consegüent reducció de plantilla i el tancament de sucursals.

La situació dels esmentats gestors no sembla pas que sigui tan precària, ja que, abans d'abandonar el vaixell, es van endur més de vuit milions d'euros en pòlisses, indemnitzacions i plans de pensions. Ei!, no ens confonguem pas, no entre tots, sinó cada un.

Segurament, si haguessin dedicat tants esforços a gestionar correctament l'entitat com els que han esmerçat a garantir-se el seu futur econòmic particular, les coses haurien anat d'una altra manera.

Quan els beneficis cauen a una velocitat de vertigen per les dificultats que travessa el sector, esdevé incomprensible que els màxims responsables d'una entitat bancària es vagin apujant el sou cada any més del 20%. No cal ser un expert en el món de les finances per adonar-nos que alguna cosa no va bé. I, menys encara, si simultàniament aquells mateixos directius van corrents al Ministeri d'Economia a demanar diners de les arques públiques per poder pagar els deutes.

Jo no dic pas que els diners que van cobrar els senyors Serra, Todó i Massana siguin il·legals. Prou que van assegurar-se primer de la legalitat formal dels acords que van adoptar en el Consell d'Administració. El que plantejo és si l'ètica pot arribar a ser un concepte filosòfic tan flexible que permeti a aquestes persones sortir al carrer amb la cara ben alta, com si no haguessin fet res mal fet. La vergonya és consubstancial a la dignitat del ser humà, i difícilment trobarem un lladre que, a sobre, es vanagloriï de la seva feina. Doncs es veu que en el món de les finances això és el més normal, i fins i tot n'hi ha que se sorprenen quan la gent els insulta al bell mig del carrer o en sortir del jutjat.

Només ens falta ja escoltar, quan el cas arribi a judici, que tot plegat va ser un malentès o un error de càlcul en les estratègies financeres, sense cap mala fe ni ànim de lucre. O, potser, algun advocat defensor amb molta imaginació ens argumenta que van ser víctimes d'un esclat de cleptomania i que, per tant, cal aplicar-los un atenuant en la pena prevista en la llei.

Que la societat ja n'està farta ho demostra el darrer baròmetre del Centre d'Investigacions Sociològiques (CIS), que ens fa saber que el nivell de preocupació i exigència de responsabilitats per part de l'opinió pública és el més alt dels últims vint anys.

Els casos judicials més rellevants del moment

Anant una mica més enllà de casa nostra, m'agradaria recollir una breu síntesi dels casos més rellevants que en aquest moment es troben en tràmit als jutjats d'arreu de l'Estat espanyol. La finalitat d'aquest recull és bàsicament demostrar al lector que la preocupació de la ciutadania pels nivells de corrupció que esquitxa tot el país està prou justificada, però que, alhora, hem de tenir una mica d'esperança que tota aquesta explosió acabi amb una catarsi regeneradora.

1. **Galícia:** els sumaris en curs més importants són dos; l'anomenat cas Campeón i el conegut com a cas Pokémon. El primer es tramita en un jutjat de Lugo i fa referència a una presumpta trama de suborns per aconseguir subvencions relacionades amb el sector farmacèutic. Els principals imputats són l'empresari Jorge Dorribo i l'exconseller de la Xunta Fernando Blanco. Durant uns quants mesos també en va estar afectat l'exministre i portaveu del PSOE José Blanco, però fa pocs mesos el Tribunal Suprem va arxivar el cas contra ell en considerar que els indicis

incriminatoris eren molt febles. El segon està viu al jutjat d'Ourense i afecta dos alcaldes del PP, als quals s'acusa de cobrar suborns a canvi d'adjudicar concessions municipals.

2. **Madrid**: ja n'hem parlat força en aquest capítol; es tracta dels casos Gürtel i Bárcenas, en els quals es dilucida si alts càrrecs del PP van cobrar o no sobresous i suborns per adjudicar contractes d'obra pública a determinades grans empreses del sector de la construcció. A part de Luis Bárcenas, hi està imputat Jesús Sepúlveda (marit de la ministra de Sanitat, Ana Mato).

3. **Andalusia:** les dues causes penals més rellevants que afecten l'Administració pública es coneixen amb els noms Ero i Mercasevilla. Hi estan implicats una gran quantitat d'alts càrrecs de la Junta, gairebé tots del PSOE, i destaquen com a imputats l'exconseller d'ocupació Antonio Fernández i l'exdirector general de Treball Javier Guerrero. La tesi de la Fiscalia és que van desviar més de 600 milions d'euros dels fons destinats al subsidi d'atur i al finançament de petites empreses en crisi. La llista, però, continua amb un dels casos que més ha cridat l'atenció de l'opinió pública i els mitjans de comunicació, el famós cas Malaya, en el qual estan acusats (i actualment ja condemnats en sentència pendent de recurs al Tribunal Suprem) Julián Muñoz, Marisol Yagüe i Juan Antonio Roca, exalcaldes de Marbella i amics del ja difunt Jesús Gil. Està clar que abans de morir-se els va deixar ben ensenyats.

4. **València:** és la comunitat autònoma que acumula més causes pendents. Un dels sumaris que ja s'ha tancat és el que afectava l'expresident Francisco Camps i la seva mà dreta, Alberto Costa, conegut com el cas dels vestits. Un jurat popular els va declarar innocents per cinc vots contra quatre de l'acusació d'haver acceptat regals de gran valor a canvi de favors en l'adjudicació de contractes de l'Administració autonòmica. Continua viu encara

el cas FITUR, en què l'exconsellera de Turisme, la senyora Milagrosa Martínez, està imputada per desviament de fons públics cap a les arques del PP. El cas Brugal es tramita en un jutjat d'Alacant i afecta tres alcaldes del PP, així com l'expresident de la Diputació provincial, el senyor José Joaquin Ripoll. Tots estan imputats per suborn a causa de l'adjudicació irregular del servei d'escombraries. I, finalment, criden l'atenció els cinc sumaris que acumula l'expresident de la Diputació de Castelló, el senyor Carlos Fabra, l'home amb més sort de tot Espanya. Ell afirma que li va tocar la loteria de Nadal fins a quatre vegades seguides, però la Fiscalia l'acusa de múltiples delictes de prevaricació i tràfic d'influències en l'adjudicació de contractes. En data d'avui només s'ha jutjat i dictat ja sentència condemnatòria pel primer.

5. **Balears:** les Illes són un pou inesgotable de casos de corrupció; tots els partits polítics en surten esquitxats, però la palma se l'enduen el PP (Jaume Matas) i Unió Mallorquina (Maria Antònia Munar). El primer ja porta dues sentències condemnatòries relacionades amb el cas Palma Arena, un desviament de fons per la construcció del velòdrom de Mallorca comès entre els anys 2003 i 2007. La segona també ha estat jutjada i condemnada pels casos anomenats Maquillatge i Can Domenge, que recullen un munt de contractes i subvencions públiques irregulars a canvi de comissions. El cas estrella, però, és el conegut com a Nóos i que implica Iñaki Urdangarin, gendre del rei. El jutge l'ha processat junt amb el seu soci Diego Torres per haver planificat i executat un pla amb l'objectiu d'enriquir-se il·lícitament, per mitjà de l'organització d'esdeveniments esportius completament inútils, on es facturaven sumes enormes per serveis inexistents.

De Catalunya ja no cal parlar-ne més, ja que en més d'un capítol d'aquest llibre ens hem esplaiat amb els casos Palau de la Música, ITV, Pretòria, Mercuri i d'altres.

La conclusió és evident. A tot arreu hi ha espavilats que aprofiten la situació de privilegi que els atorga el seu càrrec per fer negocis privats, amb l'ànim d'enriquir-se i sense cap escrúpol, perquè els perjudicis acabin repercutint en les arques públiques, o sigui, els diners de tots.

Només a l'Audiència Nacional es tramiten avui dia més de quinze causes penals obertes contra directius de les antigues caixes d'estalvis, bancs i empreses adjudicatàries de contractes signats amb alguna Administració pública estatal. Malauradament, només hi ha ingressats en presó preventiva set imputats, tot i que en algun dels casos ja hi ha sentència condemnatòria. Atès que no és ferma, els afectats han interposat recurs de cassació al Tribunal Suprem i la pena imposada encara no s'ha començat a complir.

Seria imprescindible que totes aquestes causes es tanquessin al més aviat possible, per poder demostrar a la ciutadania que les decisions dels tribunals de justícia serveixen per a alguna cosa més que per fer bonic.

Finalment, voldria aclarir que alguns jutges també s'han vist implicats en sumaris oberts per corrupció. Pocs, però n'hi ha.

Destaca el president de l'Audiència de Las Palmas, José Antonio Martín, que va ser jutjat per donar informació reservada a un important narcotraficant de qui tenim notícia que era a les illes Canàries l'any 2011. El Consell General del Poder Judicial el va inhabilitar tan bon punt es va fer pública la seva incriminació, però el Tribunal Suprem el va absoldre de tota responsabilitat penal en considerar que les dades i l'assessorament jurídic que havia facilitat al traficant de drogues no havien servit, al cap i a la fi, per evitar la seva condemna, i per això ja n'hi havia prou amb la seva expulsió de la carrera judicial.

Potser no és tan conegut el cas de la jutgessa M.ª Dolores Barragán, titular del jutjat d'Úbeda, la qual, en un rampell de mal geni, va ordenar la detenció i la incoació d'un procés penal contra la dependenta d'una perfumeria que no va voler canviar-li un perfum que havia comprat dies abans. El Consell li va imposar una sanció d'un any de suspensió de sou i feina l'any 2010, i actualment ja torna a treballar. Esperem que ningú més no hagi de patir els seus atacs de mal geni.

La seva companya titular del jutjat de Marbella, Pilar Ramírez, no en va tenir prou d'amagar a la Sala de Govern del Tribunal Superior de Justícia d'Andalusia que era germana d'un dels advocats assessors de Jesús Gil i Gil, quan aquest ocupava el càrrec d'alcalde, sinó que va resoldre diversos plets en què l'Ajuntament era part interessada, i el seu propi pare, promotor urbanístic, hi tenia convenis signats. L'any 2001 va ser expulsada pel Consell General del Poder Judicial, però el Tribunal Suprem va acabar reduint la pena a quatre anys d'inhabilitació i trasllat forçós. Actualment està destinada a un jutjat de fora la comunitat autònoma andalusa.

L'últim jutge de qui tenim notícies que ha acabat malament per acceptar suborns és Francisco Javier de Urquía, amic de l'alcalde de Marbella Juan Antonio Roca. Segons la sentència que el va condemnar l'any 2011 per prevaricació i suborn, havia cobrat 73.000 euros per prohibir l'emissió del programa de televisió *Misión imposible*, un reportatge d'investigació periodística que destapava com el cervell del cas Malaya havia fet la seva fortuna.

Són casos puntuals, però fan un mal immens a la imatge de la justícia, sobretot en un període de crisi marcat per la xacra de la corrupció.

Lluny d'amagar-los, el que cal és fer-los públics per tal que la societat sigui conscient que el poder, qualsevol poder, no atorga impunitat. I menys encara en aquells que per llei estan cridats a investigar, jutjar i castigar aquestes conductes.

És per aquest motiu que sempre he considerat imprescindible rebutjar el corporativisme de *casta* que impregna la carrera judicial. No pas perquè jo em consideri millor que d'altres, sinó perquè l'autocrítica és el millor antídot per a totes les malalties que puguem patir els jutges. Sovint, no es tracta de valorar l'encert o error de determinades decisions judicials, sinó de criticar les actituds i conductes poc respectuoses amb els drets dels justiciables.

Montesquieu ja ens va avisar que el poder dels jutges era *terrible*, puix que som els qui decidim sobre la llibertat i el patrimoni de les persones que estan implicades en un procés legal. I, atès que en dret gairebé tot és opinable, cal que siguem humils en admetre que la veritat absoluta no existeix. Acceptar sempre un marge d'error i facilitar que les nostres resolucions siguin revisades per un tribunal col·legiat és una exigència irrenunciable de qualsevol sistema de justícia democràtica. No tan sols perquè ajuda a detectar i corregir aquell error quan es produeix, sinó perquè ens obliga a exercir la nostra funció amb la màxima prudència.

El nom de *jurisprudència* ve precisament d'aquí; de la necessitat de resoldre els conflictes d'acord amb el dret (*iuris*) i la serenitat (*prudentia*).

Karl Popper, un dels grans filòsofs i juristes del segle xx, ens va recordar que els jutges han de reunir tres requisits bàsics: bona formació legal, honestedat i responsabilitat moral. La suma de tots tres és la clau de volta de la confiança que la societat ha de dipositar en nosaltres.

VII. La luxúria

> Només existeixen dues coses importants a la vida: la primera és el sexe, i la segona... ara no me'n recordo.
>
> Woody Allen

El tema del sexe sempre ha sigut *tabú* en el món de la justícia, malgrat que els jutges sempre ens hi hem vist implicats des de dos vessants antagònics.

L'un, derivat de l'experiència professional, m'ha demostrat que molts procediments judicials tenen en la passió un element desencadenant del conflicte, que massa sovint acaba en tragèdia. Els sentiments són la clau que permet entendre, encara que mai justificar, determinades conductes humanes que fora d'aquest context serien incomprensibles. Una separació matrimonial que lluny de finalitzar amb un acord amistós es converteix en contenciosa davant del jutjat, al qual tots dos cònjuges demanen que se'ls reconegui que és l'altre el culpable. Dissortadament, moltes vegades es dóna més importància a l'ànim de venjança que no pas a l'anàlisi racional de les causes que han portat a la crisi conjugal, i les propostes que podrien ajudar a pacificar la disputa tot aportant solucions amb vista al futur, tant en la relació amb els fills com en el repartiment del patrimoni, són rebutjades per ambdues parts litigants.

L'altra, la constatació que l'amor, el sexe i la luxúria són conceptes fàcilment confusibles, fins al punt que gent de qui mai no hauríem sospitat que fos capaç d'una acció similar, ens sorprèn duent a terme agressions inadmissibles, com matar la pròpia parella o atacar sexualment una tercera persona. Els veïns sempre diuen el mateix quan són interrogats pel periodista de torn: «No m'ho puc creure, semblava tan bona persona».

Per treure ferro a la cruesa de l'exercici de la jurisdicció criminal a la qual, des de fa tants anys, em dedico, alguna vegada he fet la broma de respondre a qui m'acaba de conèixer i em pregunta de què treballo, que estic dins del món del teatre.

Quan, tot seguit, fruit de la lògica curiositat, el subjecte em diu: «Ah, sí? Que interessant!, i quina obra estàs fent ara?» o bé: «A quina sala actues?», la meva resposta encara el deixa més sorprès, puix que dic que sempre actuo al mateix escenari i que represento el mateix paper. Per acabar de confondre'l, hi afegeixo: «I només toco un gènere: la tragèdia!».

Arribats a aquest punt, l'interlocutor comença a sospitar que alguna cosa no encaixa, i ja amb la mosca darrere l'orella, insisteix que li aclareixi el nom del teatre on pot venir a veure l'obra en cartell, així com el títol.

Llavors la cosa no dóna més de si i li confesso que sóc jutge de la Sala Penal de l'Audiència, que cada dia he d'escoltar un drama en el judici que, juntament amb els meus companys de tribunal, hem de dirigir, on surt un assassí, un violador o un traficant de droga, una víctima i uns detectius policials, a més d'un seguit d'actors secundaris com el fiscal, l'advocat defensor i els presumptes testimonis presencials del crim.

Li recordo que, com en totes les obres de teatre, anem disfressats —de negre— com en un funeral, i que actuem l'un darrere l'altre parlant en un llenguatge que gairebé no entén ningú, de tan barroc i antiquat com és. Al final de la representació, reblo el clau, sempre es repeteix el mateix. L'autor del drama diu —tot gesticulant i amb una convicció digna de millor empresa— que les coses no són el que semblen, i que, si bé les proves apunten cap a ell com a l'únic culpable, la veritat és que només passava casualment per allí. Tot seguit, s'abaixa el teló i la gent abandona la sala.

Podeu pensar que formar part d'un tribunal i haver de decidir sobre la innocència o culpabilitat d'un ser humà mereix un tractament més seriós. I teniu tota la raó. Però també podeu estar segurs que l'única manera de sobreviure en aquest món judicial, on cada dia veus una tragèdia pitjor que la del dia anterior, és marcant una certa distància que et permeti analitzar el cas amb la necessària perspectiva, com ho fan en altres àmbits els metges o els bombers.

No patiu, però. Aquest darrer capítol no serà pas un drama continu ni una orgia, sinó simplement un recull d'anècdotes —totes elles verídiques— i més o menys divertides, en què anirem veient com reacciona la justícia davant d'un tema tan espinós com interessant. Junts intentarem anar descobrint quin és el veritable sexe de la justícia, aquella dona tan bonica que els grecs i els romans ens presentaven ja mig nua, amb un pit enlaire.

No us deixeu enganyar pas per la imatge. A hores d'ara, encara no he descobert si és de sexe masculí o femení. Potser una mica de tot!

Qüestió de llengua

Per començar, fixem-nos en la relació que té el llenguatge jurídic amb la sexualitat.

Manllevant un acudit que fa uns quants mesos em va explicar una jutgessa per correu electrònic, us recordaré un seguit de connotacions eròtiques que massa sovint passen desapercebudes en el llenguatge dels advocats i els jutges.

Per exemple, en els procediments civils, quan algú vol demandar una altra persona al jutjat, ha de complir prèviament uns tràmits. Els anomenem *actes preparatoris* i molts advocats maldestres els porten a terme malament per manca d'experiència. Clar, llavors passa que costa molt donar *satisfacció* a les *expectatives* de la persona demandant. De fet, alguns ni tan sols són capaços d'arribar a la *fase oral* i queden *esgotats* en la preliminar.

Als jutges no ens va gaire millor, ja que sovint reaccionem a la defensiva quan ens trobem davant d'una demanda amb moltes *pretensions* i optem per escapolir-nos declarant-nos *incompetents*. O sigui, enviem la demandant a un altre company amb més *ganes* d'entrar en el fons de *l'assumpte*.

El llenguatge processal té, però, solucions per a tot, i si algú queda *frustrat* per no haver superat els *tràmits preliminars*, els jutges no el deixem pas completament abandonat a la seva sort, sinó que li donem una segona oportunitat de demostrar que, amb una mica més d'interès i experiència, sabrà fer millor les coses. Després de renyar-lo perquè no ha estat prou fi en el primer intent, li diem que ho torni a provar i ens presenti quins són els seus *recursos*.

No cal dir que cada cas té les seves pròpies característiques i dificultats, i, per això, hi ha litigants que prefereixen «continuar amb la demanda fins a obtenir una resposta *satisfactòria*» i d'altres que escullen abandonar malgrat ser *requerits* els seus serveis. Els primers, exemple de perseverància, segueixen amb *l'acció*, mentre que els segons es defensen com poden, i, a vegades, reaccionen contraatacant per mitjà d'una *rèplica*.

La llei és sàvia, i en molts processos judicials, per tal de garantir *l'èxit* de l'atac final, permet que les parts demandant i demandada demanin al jutge que adopti *mesures preventives cautelars*. L'experiència palesa que no sempre tenen l'eficàcia que hom voldria, però ja se sap que en aquesta vida no hi ha res del tot segur, i llavors cal atendre's a les *conseqüències* que es produiran uns quants mesos més tard.

Bé, potser caldria aclarir que no tota demanda arriba necessàriament a la fase d'enjudiciament, i que algunes demandants prefereixen —davant el fracàs de la *fase prèvia*—, *interrompre* d'una vegada per totes els tràmits i *apartar-se* del procés abans de l'acte oral, on els recursos lingüístics de l'advocat passen a ser el més important.

Tanmateix, els qui aconsegueixen arribar-hi poden gaudir d'un premi afegit, com sens dubte és demostrar el domini de l'oratòria al tribunal, i, una vegada acabada l'obra, preguntar al client si ha quedat *satisfet*. Això quan no els interromp el jutge i els obliga a acabar *precoçment*, ja que la cosa ja durava massa i tothom començava a avorrir-se.

En fi, com el lector ja haurà copsat degudament, el món de la justícia pot ser més divertit del que sembla. No és totalment asexuat, com alguns voldrien, ni tampoc *impotent*, encara que a vegades ho sembli.

Per acabar-ho de reblar, no oblideu que són molt pocs els qui tenen dret a *assistència gratuïta*; la majoria han de pagar si volen *accedir al servei*, encara que sigui públic.

Després d'aquest petit entreteniment, molt necessari a aquestes altures del llibre, atès el munt de desastres que hem anat veient, passem a analitzar casos reals que recullen les hemeroteques judicials, en què podrem veure que sota la toga s'amaga alguna cosa més que els pantalons i la camisa.

Jutges amb la mà, o la llengua, massa llarga

Atès el context laboral que acabem d'exposar, no és gens estrany que a algun company de professió se li disparin les hormones i facin, o diguin, coses que mai no haurien d'haver succeït o no haurien d'haver dit.

Cal matisar, d'entrada, que, afortunadament, la justícia espanyola no té una història eròtica tan florida com la d'alguns països llatinoamericans. Potser la culpa la té l'aventura que els *hidalgos* castellans van endegar l'any 1492, quan van decidir anar a conquerir les Amèriques. Les cròniques ens diuen que van exportar alguns costums poc recomanables a l'hora d'administrar la llei, i, al que es queixava, li aplicaven sense cap remordiment la justícia final a càrrec de la Santa Inquisició.

En destaca el *derecho de pernada*, que reconeixia als qui gaudien d'un títol nobiliari o d'un càrrec d'autoritat l'abús sexual continuat de totes aquelles noies indianes que fins llavors no sabien de debò què era un *macho ibèrico*.

No es pensi pas el lector que estic parlant d'uns fets ja superats pel pas dels segles. Només cal endinsar-se en algunes resolucions recents de les Corts Supremes de Justícia de Xile i el Perú, per copsar que —avui dia— encara hi ha alguns col·legues americans que es consideren amb dret a mantenir aquelles execrables tradicions.

L'any 2000, a la ciutat austral de Punta Arenas, república de Xile, va ser expulsat de la carrera judicial el jutge Dionisio Polanco, magistrat a qui les auxiliars administratives del seu jutjat havien denunciat per assetjament sexual.

Segons el que recull la sentència condemnatòria dictada pel Tribunal Suprem, ja que allí els jutges també gaudeixen del privilegi de ser aforats, una reminiscència més de la *madre patria*, el jutge acostumava a cridar al seu despatx algunes de les funcionàries més joves, amb l'excusa que havia de dictar-los alguna resolució urgent. La sorpresa desagradable començava quan el text que els dictava verbalment, per tal que després el transcrivissin com a taquígrafes, no tenia res a veure amb cap procediment judicial concret i era ple de referències sexualment explícites. Davant la lògica torbació de l'administrativa, l'home s'aixecava tot cofoi de la seva butaca i es col·locava dempeus darrere la cadira, on la funcionària prenia notes amb la mà tremolosa. No cal dir que, prèviament s'assegurava que la porta del despatx estigués ben tancada.

La seqüència posterior depenia de la capacitat de reacció i rebuig de cada víctima, com sol passar, però, segons l'esmentada sentència que el va apartar definitivament de la carrera judicial, no totes van saber, o poder, aturar-lo abans de patir una deshonrosa vexació sexual, més inadmissible i censurable perquè procedia de qui, amb abús de la seva autoritat, se suposa que era el garant dels drets fonamentals de totes les persones, inclòs —òbviament— el seu propi personal.

Suposo que la humiliació soferta i la por a no ser cregudes si ho explicaven als companys de feina va permetre que aquella indignant situació durés uns quants mesos, fins que una de les afectades va dir prou i va fer el pas endavant de queixar-se al Servei d'Inspecció Judicial. La resta no van tardar a afegir-s'hi, malgrat la vergonya que les immobilitzava.

Massa tard, sens dubte, però, si més no, el coratge d'una va posar fi a l'angoixa de totes, i, finalment, va donar al culpable el que es mereixia.

El seu col·lega Carlos Klapp, magistrat a la ciutat de Lima, capital del Perú, tampoc no es va escapar de la resposta punitiva quan es va demostrar que dedicava una part de la jornada de treball a mantenir converses eròtiques de la línia 700, activitat que compaginava mirant pàgines pornogràfiques a Internet amb l'ajut de l'ordinador del seu despatx.

Si us plau, que el lector no es confongui i pensi que sóc un reprimit. Tinc molt clar que, en l'horari lliure i a casa seva, qualsevol persona pot perdre el temps com millor li plagui. El que no es pot fer és dedicar hores de feina a gaudir de les fantasies sexuals pròpies, i menys encara pagant l'Estat. Els diners públics són per retribuir el treball professional dels jutges, no pas per malversar-los en connexions eròtiques.

La resolució que va significar la seva expulsió de la funció jurisdiccional recull que, entre els mesos de maig i novembre d'aquell any 2001, el jutge Klapp va fer més de 500 contactes telefònics i visites a les pàgines porno. No he fet el compte, però sembla que era un client força assidu. La durada de cada connexió anava des d'un mínim de quinze minuts fins a gairebé una hora. No sé pas quina jornada de treball tenia, però les dades enregistrades en el sistema informàtic del jutjat demostren que no les dedicava pas totes a fer judicis i redactar sentències.

Espanya no és tan diferent com alguns ens volen fer creure

Tornem a casa nostra, i veurem que aquí també hem tingut alguns exemples de jutges amb incontinència sexual, tots homes, malgrat que actualment la carrera judicial està integrada per més d'un 60% de dones. Novament queda demostrat que el gènere femení té un concepte de l'ètica i la responsabilitat força més avançat que els companys de sexe masculí. A veure si n'aprenem d'una vegada.

La fama de faldiller del magistrat Adolfo Fernández Oubiña es va anar consolidant des que l'any 1995 va ser nomenat president d'una de les sales penals de l'Audiència de Barcelona, tot i que ja el precedia quan ocupava el càrrec de jutge instructor a la Ciutat Comtal.

Va començar la seva vida judicial a la terra on va néixer, Galícia, però aviat va aterrar a Catalunya i es va fer famós entre els advocats que passaven pel seu jutjat. O, més ben dit, entre les advocades.

Els lletrats li tenien una por reverencial, juntament amb un estrany respecte, atès que compaginava els seus coneixements jurídics amb una retòrica aclaparadora. Avui ja està jubilat, viu en una residència i sembla ser que la seva salut ja no és gaire bona, potser fruit d'alguns excessos comesos durant els més de trenta anys d'exercici judicial.

El temor que provocava entre els advocats tenia origen en les maneres poc amables de dirigir-los la paraula, sense que li preocupés gens fer-ho en públic i enmig d'un judici, en presència dels altres juristes i àdhuc del client. Exabruptes com «amb un advocat tan dolent com vostè, el seu client faria bé de defensar-se ell sol» o bé aquella frase que va fer fortuna en l'àmbit jurídic i sempre se li ha adjudicat, malgrat que jo no li he sentit a dir directament, una veritable *perla*: «Senyor lletrat, deixi de preguntar d'una vegada a l'acusat, ja que, com més duri aquest judici, més possibilitats té el seu client d'acabar condemnat».

Aquella irrefrenable tendència a ser impertinent li va valer més d'un expedient disciplinari, conseqüència de les queixes presentades pel Col·legi d'Advocats davant del Servei d'Inspecció del Consell General del Poder Judicial. Però, lluny de moderar la seva llengua i canviar d'actitud, amb l'edat se li va anar aguditzant el to sarcàstic i punyent del que ell considerava un model d'oratòria.

Malauradament, va arribar el dia que va traspassar les línies vermelles que ni tan sols un jutge amb el seu nom pot trepitjar, i el més trist és que ho va fer amb una actitud de menyspreu vers el gènere femení propi d'un misogin.

L'any 2002 va dictar una sentència en què justificava que els homes donessin un cop de palmell al cul a les dones, sense consentiment ni avís, un costum masclista que ell considerava d'allò més simpàtic.

Tot va venir a causa d'una denúncia que un grup de noies integrants d'un equip de futbol sala van interposar al jutjat contra l'entrenador, cansades d'haver de suportar que cada dos per tres, amb un gest que pretenia ser d'ànim esportiu, els toqués el cul. Les jugadores no ho consideraven pas una conducta correcta i li havien demanat moltes vegades que deixés de donar-los el cop al cul amb la mà, cada vegada que entraven o sortien del camp, aprofitant un canvi.

El jutge Oubiña va fer gala, una vegada més, de la seva peculiar i controvertida manera d'administrar justícia. Amb una retòrica impròpia dels temps actuals, es va despatxar dient per escrit que en cap concepte es podia considerar l'acció de l'entrenador com un abús sexual o vexació, com reclamaven el fiscal i l'advocat de les noies, ja que és públic i notori que a totes les dones els agraden aquest tipus d'accions i determinades paraules grolleres, puix que se senten cobejades pel sexe masculí. No en va tenir prou i hi va afegir que, al cap i a la fi, el cop de palmell al cul era una de les carícies que més les fa sentir veritables dones. O sigui, un enaltiment inadmissible del rol masclista en detriment de la dignitat de la dona, a qui, pel que es veu, considerava només un objecte de desig sexual.

La sentència acabava amb l'argument exculpatori vers l'acusat, tot afegint que aquests comportaments es fan de manera gairebé instintiva per part dels homes, i per això estan tan arrelats en la nostra societat, fins al punt que, si la justícia els hagués de condemnar, s'omplirien les presons i es buidarien els estadis de futbol.

Deixo al lector o la lectora que tregui les seves pròpies conclusions. Personalment, tan sols hi puc afegir que mai un presumpte enginy irònic no pot bandejar la grolleria de qui es pensa que amb resolucions com aquella provoca el somriure de la gent.

Nogensmenys il·lustratiu és el cas del jutge Antonio Martín Ferradal, titular fins a l'any 2011 del jutjat adscrit al Registre Civil de Múrcia i encarregat de celebrar els matrimonis entre parelles del mateix sexe, així com d'autoritzar i ordenar la inscripció dels fills nascuts de mare soltera o extramatrimonials.

La seva homofòbia era prou coneguda en l'àmbit jurídic de la capital murciana, atès que l'any 2010 ja havia estat sancionat pel Consell General del Poder Judicial amb motiu d'una queixa formalitzada per una funcionària de la Fiscalia, a qui havia insultat públicament pel fet de ser lesbiana.

Tanmateix, aquella primera sanció —una simple multa— sembla que no va tenir l'efecte dissuasiu desitjat, atès que només un any més tard es va tornar a despatxar dient en veu alta enmig d'una boda gai: «Ja n'estic fart de casar putes i maricons».

Els funcionaris del seu jutjat ja no van poder aguantar més aquella constant i ofensiva impertinència i, amb la secretària judicial al capdavant, van decidir posar els fets en coneixement del jutge degà de la capital, el qual, en una resolució que l'honora, va reclamar al Servei d'Inspecció Judicial que obrís el corresponent expedient disciplinari per una falta molt greu.

Malauradament, els tres jutges que en aquella època formaven la comissió disciplinària del Consell General del Poder Judicial van considerar que els fets no eren tan greus i que només calia sancionar-lo, de nou, com a autor d'una falta lleu de desconsideració vers els ciutadans, alhora que li imposaven una multa de 200 euros. Un exemple de corporativisme que tan de mal fa a la imatge de la justícia.

Per sort, a l'hora d'escriure aquestes pàgines, el jutge Martín Ferradal ja s'ha jubilat, amb seixanta-vuit anys, i sembla que un altre company amb una mica més de sensibilitat i bona educació ocupa ara el seu càrrec.

Recordarà el lector que en un capítol anterior ja he fet esment d'un altre col·lega amb similars tendències homòfobes, Ferrín Calamita, el qual es negava a tramitar els expedients d'adopció de nens en situació de desemparament si la parella adoptant era del mateix sexe. Avui també és història, i ja no exerceix com a jutge.

El temps acaba posant a cadascú en el lloc que li pertoca, encara que sovint els ciutadans tarden massa a rebre una disculpa pel greuge sofert.

Aquest recorregut sexològic judicial no seria complet si no dediquéssim unes quantes ratlles a dos dels casos més recents, i famosos, de la nostra història. Caldrà, però, fer-ho amb la prudència adient, atès que en el moment de tancar aquest llibre encara estan *sub iudice*.

Són l'exemple més clar de fins a on som capaços tots plegats d'intentar instrumentalitzar la justícia en benefici propi, sigui econòmic o polític.

Començarem amb un cas carregat de simbolisme i *morbo* eròtic: el cas Camarga, i acabarem amb el no menys conegut cas Urdangarin. Confidències sexuals i corrupció en són els ingredients més rellevants.

El Camargate d'en Mortadelo i Filemón

El periodista Iu Forn va dedicar un dels seus magnífics articles curts que publica al diari *Ara* a la trobada entre la presidenta del PP català, Alícia Sánchez Camacho, i l'exparella del fill gran de l'expresident Pujol, Victoria Álvarez. El títol ja avisava que el contingut no defraudaria: «La veritat del cas d'espionatge a La Camarga».

En poques paraules, i amb el seu habitual llenguatge irònic, el periodista ens va fer veure com n'és de fàcil frivolitzar entorn d'un dels drets fonamentals més sagrats: el de la intimitat personal.

Fins a quin punt estem disposats a assumir els riscos d'una globalització social que ens despulla, quan a algú poderós li convé, és un debat que ja fa anys que la societat té obert i ningú no acaba de trobar la resposta adient. Si afecta els altres, no ho trobem tan perillós. Si ens afecta a nosaltres, ho considerem inacceptable.

Quedar per dinar amb uns amics o companys de feina i trobar-te que l'endemà o uns quants mesos més tard un mitjà de comunicació es fa ressò del contingut de la conversa, amb l'excusa que afecta l'interès general, és una situació que no la desitjo a ningú. Si algun dels interlocutors és un personatge públic, sigui en el camp de la política, l'espectacle o les finances, el rebombori ja està assegurat, i el diari es fa un munt de vendre exemplars tot explotant la notícia tant de temps com pugui.

Sempre he dit que és just en aquestes situacions, i sobretot després d'un bon àpat regat amb vi o cava, quan l'ésser humà està més desprotegit, atès que relaxa les tradicionals inhibicions i confessa amb sinceritat les seves febleses, tot esperant la comprensió i el consell del company o companya de taula. Comprenc que l'ocasió és prou llaminera perquè l'interessat a tenir un *dossier* sobre el personatge la deixi escapar.

Però la cosa es complica, i molt, quan la gravació del dinar la duu a terme algun professional de l'espionatge *cutre* propi d'aquest país, a sou de qui —de moment— anomenarem X. Cadascú li pot posar el nom i els cognoms que vulgui al senyor o la senyora X, ja que l'experiència ens demostra que probablement mai no arribarem a saber amb absoluta seguretat qui hi havia darrere d'aquella lletra.

El més curiós de tot plegat és que, en el cas del restaurant La Camarga, totes les versions fins ara conegudes són igual de sorprenents: la que sosté amb contundència el cap de l'agència de detectius Método 3, tot afirmant que l'autora de l'encàrrec va ser la líder del Partit Popular, atès que estava molt interessada a tenir en el seu poder —per fer-les servir quan li convingués— proves incriminatòries per presumpta corrupció contra la família Pujol, i, de retruc CiU, adversaris polítics a qui una ben organitzada campanya de desprestigi podria fer força mal, car es tractava de la presumpta implicació en una important evasió de capitals. Res fa més mal que t'acusin de defraudador.

Nogensmenys estranya és la tesi que imputa el *lampista* del PSC, el senyor José Zaragoza, d'estar al darrere de les bambolines d'aquesta trama, tot aprofitant que és conegut per estar sempre disposat a fer la feina bruta que tots els partits polítics rebutgen de paraula alhora que aprofiten el resultat obtingut sense gaires miraments.

La tercera via, i no precisament sobiranista, és la que apunta als aparells de l'Estat espanyol. Acostuma a sortir a última hora per acabar-ho de confondre tot, i significaria que va existir una col·laboració maliciosa entre els màxims responsables del CNI (agència estatal d'espionatge) i la direcció de Método 3 (l'agència local). En aquest cas, no està clar si haurien actuat amb coneixement i autorització previs d'alguna de les interlocutores espiades o no.

Més enllà del caràcter poc professional del mètode emprat per descobrir i gravar els secrets de les dues comensals, un micròfon amagat dins d'un ram de flors que guarnia el centre de la taula reservada a nom de la senyora Camacho (males llengües diuen que el van haver de comprar a corre-cuita en un basar xinès proper al restaurant), el que més ens hauria de preocupar és l'ús que finalment es volia fer de la gravació, la difusió de la qual ha estat restringida per ordre judicial.

Amb l'excusa d'un contingut amb barreja de confidències sexuals i polítiques, la filtració va posar de manifest que cap de les dues comensals no actuava en interès de la societat.

No m'interessen gens els comentaris *picants* d'ambdues senyores sobre la capacitat sexual dels seus respectius *partenaires*. Sembla que, malgrat que no eren amigues i ni tan sols es coneixien abans d'aquell dia, el grau d'intimitat va ser tan gran que es van esplaiar en tot de detalls eròtics. Millor per a elles si el que deien era veritat, encara que sovint aquest tipus de confidències responen més al desig de vendre la moto que no pas a les pròpies vivències.

Qui les vulgui saber ja sap que a Internet n'hi ha *penjades* múltiples versions, cada una més grollera i poc fiable.

El que voldria destacar és que a la senyora Álvarez li va faltar temps per anar a l'Audiència Nacional i explicar una rocambolesca història d'evasió de capitals cap a Andorra i Suïssa, en la qual destaca el sòrdid detall de milions d'euros transportats en bosses d'escombraries de color negre. Feixos i feixos de bitllets de 500 euros, aquests que ni jo ni vostès —amics lectors— hem vist mai i sembla ser que sí, que existeixen.

Escoltin, sempre és bo el penediment encara que sigui una mica tard, ja que l'amant del fill gran dels Pujol no va fer gaires fàstics a aquella aventura, quan gaudia amb el seu company de viatges arreu d'Europa, guarnits amb fantàstics menjars i hotels de luxe.

Suposo que a l'hora de pagar només els calia anar fins al maleter del cotxe i agafar un parell de bitllets. N'hi havia tants, segons la senyora Álvarez, que ni devien notar com se'ls gastaven!

Sort que el meu col·lega del jutjat instructor de l'Audiència Nacional (al pobre Pablo Ruz només li faltava aquesta) no va atorgar cap credibilitat a la denunciant, atesa l'ambigüetat amb què contestava totes les preguntes adreçades a concretar dades que permetessin investigar a fons el cas. La dona, probablement atabalada per la càrrega emocional, era incapaç de recordar i concretar els noms dels hotels, els restaurants, els dies de viatge, el trajecte fet, i fins i tot les suposades entitats bancàries on van anar a parar aquell munt de diners.

No en tinguin cap dubte: l'ànim de venjança sovint no encaixa gaire bé amb la precisió que exigim els jutges i els fiscals a l'hora d'obrir un sumari i ordenar les diligències d'investigació pertinents, per tal d'esbrinar la veritat o falsedat dels fets denunciats.

No em pertoca a mi entrar en detalls sobre les relacions més o menys eròtiques d'ambdues senyores. Estic d'acord, però, amb la jutgessa civil que fa poc va decidir aixecar la prohibició cautelar de la seva difusió en els mitjans de comunicació, atesa la conducta processal de la senyora Camacho en arribar a un acord econòmic amb els presumptes autors del delicte.

No puc arribar a entendre com una persona a qui —afirma— se li ha fet tant de mal amb tot aquest fulletó acabi renunciant a la querella criminal presentada i demani al jutge d'instrucció que no continuï investigant. Els danys morals a la seva imatge pública han estat irreparables, i posar fi a les especulacions sobre si ella estava al corrent o no de tota l'operació d'espionatge sembla que hauria de ser una prioritat absoluta.

Tot i que la Fiscalia va rebutjar donar el cas per tancat en considerar que som davant d'un delicte perseguible d'ofici, en el qual es dirimeixen interessos públics i no tan sols privats, l'Audiència de Barcelona va dictar el mes de desembre del 2013 una resolució a instàncies de la senyora Camacho on acull la seva tesi que el perdó extingeix tota responsabilitat criminal, i atès que ella ja ha perdonat els qui la van espiar, cal donar el cas per definitivament tancat. Una vegada més, la llei de l'*omertà siciliana* ha triomfat.

Al llarg d'aquest llibre ja he dit en més d'una ocasió que política i justícia no s'han de barrejar mai, però a vegades és impossible —i ni tan sols desitjable— evitar-ho. El que sí que hem de tenir tots clar és que, quan els polítics intenten interferir en la correcta administració de justícia, estan fent un mal enorme a ambdues institucions.

El duc i la princesa. Com un conte de fades es pot convertir en una pel·lícula de terror

Anem arribant al final d'aquesta reflexió crítica, però —espero que així ho valorin els lectors i els meus companys de professió— també esperançada del món judicial. Intentaré tancar-la amb algunes referències a l'entorn del cas Nóos, també conegut com a cas Urdangarin, marit de la infanta Cristina i gendre del rei.

El professor J. M. Tresserras va dir que les metàfores són un reflex del pensament. Ens hauríem de preguntar, doncs, en què podia estar pensant el gendre reial quan va escriure a un amic íntim un correu electrònic tan comprometedor com aquest: «*Con cariño, el duque en-palma-do*», del qual se n'ha fet ressò la premsa.

Les noves tecnologies li han jugat una mala passada al senyor Urdangarin, atès que la major part de les fonts d'informació que han servit al jutge de Palma de Mallorca, José Castro, i al fiscal Horrach, per anar estirant el fil de la presumpta corrupció entorn dels negocis duts a terme amb el seu exsoci Diego Torres, procedeixen precisament de filtracions fetes per aquest.

Conec professionalment els dos advocats que porten la defensa d'ambdós imputats i els puc garantir que es tracta d'uns juristes molt preparats, amb una capacitat fora de dubtes per trobar dins la llei les escletxes que permetin als seus respectius clients sortir relativament ben parats de l'atzucac en què s'han ficat. Certament, la seva manera de treballar és força diferent, ja que mentre que el lletrat Pascual (defensor d'Iñaki Urdangarin) prefereix la tàctica prudent d'anar preparant amb calma el camí processal previ al judici, el seu company González Peeters es caracteritza per plantejar sovint una lluita verbal i escrita aferrissada, sempre arriscant al màxim però assolint uns resultats prou efectius. En fi, una interessant batalla jurídica entre el seny i la rauxa, que ja veurem qui acaba guanyant.

El que crec que pot ser bo destacar d'aquest plet en marxa és justament la distinta estratègia que segueixen l'un i l'altre, amb el vistiplau dels seus respectius clients.

Fins ara, la defensa de Diego Torres ha optat per una tàctica agressiva recolzada en centenars de documents i correus electrònics, tant interns de l'empresa Nóos com privats dels dos exsocis. Aquesta estratègia ha col·locat, com a mínim, el duc de Palma en una posició incòmoda, atès que ha de replicar a la defensiva tot donant explicacions plausibles al contingut dels esmentats documents, aparentment incriminatoris.

Lluny de respectar el *fair play* que se suposa que practiquen els advocats de les elits burgeses i financeres (el senyor Torres era professor de Ciències Econòmiques i Empresarials a ESADE), periòdicament i amb estudiada cadència, l'advocat González Peeters lliura al jutge instructor documents que *a priori* demostrarien l'abast de les relacions irregulars entre l'Institut Nóos, les societats instrumentals del grup i els socis, amb implicació de tercers en els seus tèrbols negocis.

La vida privada del duc tampoc no en queda fora, ja que les filtracions en determinats mitjans de comunicació són freqüents i, així, s'ha arribat al punt que un jutjat de Barcelona va haver d'adoptar mesures preventives adreçades a protegir la intimitat de la parella reial.

Suposades relacions extramatrimonials, ignorades o consentides per la infanta, amb l'afegit d'una ambigua referència a l'orientació sexual del senyor Urdangarin, van anar apareixent davant l'opinió pública amb comptagotes, fins que la jutgessa civil en va prohibir la difusió morbosa.

Ja sabem que la fama i l'escàndol van sovint lligats, i fer córrer sospites d'aquesta envergadura entorn de qui ha passat en pocs anys de ser el gendre que totes les sogres voldrien tenir a ser gairebé un *empestat* social, és massa llaminer per a uns periodistes i directors de diaris que saben molt bé el que la gent vol llegir.

Voldria, per tant, demanar una última atenció del lector vers un aspecte del cas que considero molt més important que tota aquesta xerrameca pròpia de revistes del cor.

Caldria que ens preguntéssim com va ser possible que dues persones com els imputats esmentats assolissin amb tanta facilitat l'objectiu d'arribar a cobrar de diverses administracions públiques més de vuit milions d'euros. I tot a canvi de fum.

Tothom diu que els senyors Bárcenas i Fabra eren els mags de les finances del PP. Però l'actuació dels senyors Torres i Urdangarin no els va pas al darrere.

Les fortunes que ambdós han acumulat en tan sols deu anys de gestió al davant de l'Institut Nóos demostren amb escreix que van saber aprofitar els estudis cursats a l'escola de negocis ESADE. M'imagino que els seus responsables acadèmics no se'n deuen sentir gaire orgullosos, però el cert és que el rendiment assolit supera qualsevol pronòstic.

Començant per les Illes Balears i continuant per València, les gestes mercantils del professor i l'alumne mereixen una nota insuperable.

Des de l'any 2004 fins al 2007, conscients de l'ambició i ganes de protagonisme del president Camps i de l'alcaldessa Rita Barberà, ambdós van aconseguir un patrocini econòmic increïble, això sí, amb diners de l'erari públic, que, com que són de tots, resulta que no són de ningú i estan allí perquè el més espavilat se'ls emporti. L'excusa era la futura organització de la Copa Amèrica, un esdeveniment esportiu de màxim nivell que mai no va arribar a veure la llum.

La capacitat de treball era, tanmateix, molt més elevada, i simultàniament van signar diferents convenis amb l'Administració pública de les Illes Balears, aprofitant que el senyor Jaume Matas n'era encara el president. En aquest cas, sembla que l'import de la comissió per fer realitat les instal·lacions esportives pujava a uns dos milions i mig d'euros. Res de l'altre món, si no fos perquè tampoc no van servir per a res tangible els informes elaborats per a la projecció internacional de la comunitat autònoma. Com si les Illes (Mallorca, Menorca i Eivissa) no fossin encara prou plenes d'alemanys, anglesos i russos.

El pitjor, però, és que l'Agència Tributària Espanyola mai no es va assabentar de tots aquells negocis i va continuar acceptant sense badar boca les declaracions fiscals d'impostos societaris que presentaven l'Institut Nóos i la societat filial Aizón, manifestament irrisòries, atès el volum econòmic dels esmentats convenis públics.

Ningú que no estigués convençut que podia actuar amb total impunitat no hauria estat tan agosarat de jugar una partida d'escacs tan perillosa amb Hisenda, un organisme que sempre *vigila* de prop els diners de tots.

Hom sap que la Constitució espanyola diu que el rei no està sotmès a cap tipus de responsabilitat penal o civil, però no diu res de la família reial. Llavors, com és possible que una persona que ho tenia gairebé tot en aquest món —prestigi, diners, fama i cultura— cometi l'error de voler encara més, malgrat ser conscient que caldrà infringir la llei?

Com deia el mestre italià Rossini en la seva òpera més famosa, «*l'occasione fa il ladro*». Estaria bé que tots aprenguéssim la lliçó i ajuntéssim les nostres veus per reclamar un país més net que el que ens ha tocat viure.

Epíleg

Punt i final. Aquesta és la crònica d'una justícia que es mereix poder treballar amb les mans lliures, per ajudar a canviar el nostre petit món de dalt a baix. El sistema ja no s'aguanta per enlloc i els jutges estem tips de veure amb impotència com, dia rere dia, alguns se n'aprofiten per escalar posicions i omplir-se les butxaques, mentre el poble ha de fer front a un munt de dificultats per anar sobrevivint amb dignitat.

El llibre va començar amb un crit a l'esperança en el futur, quan l'estudiant de dret va trucar a la porta del jutge per demanar-li si s'estava equivocant o no en voler dedicar la seva vida professional a l'administració de justícia.

Permeteu-me que l'acabi defensant la feina de tots aquells companys i companyes que, amb el seu esforç diari i honestedat, fan possible que —malgrat tot— la societat encara confiï en nosaltres i ens demani que ajudem a construir un món més net i just.

Santiago Vidal i Marsal
Magistrat